Expedición
a través
de la Palabra

*Guía para entender
y aplicar la Biblia*

Expedición a través de la Palabra

Guía para entender
y aplicar la Biblia

J. Scott Duvall
J. Daniel Hays

La misión de Editorial Vida es ser la compañía líder en comunicación cristiana que satisfaga las necesidades de las personas, con recursos cuyo contenido glorifique a Jesucristo y promueva principios bíblicos.

EXPEDICIÓN A TRAVÉS DE LA PALABRA

Edición en español publicada por
Editorial Vida – 2009
Miami, Florida

Originally published in the USA under the title:
Journey Into God's Word
Copyright © 2008 por J. Scott Duvall and J. Daniel Hays
Published by permission of Zondervan, Grand Rapids, Michigan, 49530.

Traducción: *José María Blanch*
Edición: *Rojas & Rojas Editores, Inc*
Diseño interior: *Rojas & Rojas Editores, Inc*
Diseño de cubierta: *Base Creativa*

ISBN: 978-0-8297-5646-3

CATEGORÍA: Estudios bíblicos/Exégesis y hermenéutica

IMPRESO EN ESTADOS UNIDOS DE AMÉRICA
PRINTED IN THE UNITED STATES OF AMERICA

09 10 11 12 13 ❖ 6 5 4 3 2 1

*Para quienes se esfuerzan por enseñar
al pueblo de Dios cómo entender
y aplicar la palabra de Dios.*

Contenido

Prefacio

esde que se publicó este libro en inglés bajo el título *Grasping God's Word* en el 2001 (segunda edición en el 2005), no transcurren muchas semanas sin que uno de nosotros no reciba un correo electrónico para preguntar acerca de ayudas para adaptar el material con el fin de utilizarlo en una iglesia local. Hasta ahora nos veíamos obligados a decir; «Ojalá pudiéramos ofrecerles algo más, pero lo único que podemos sugerirles es que identifiquen los puntos fundamentales en nuestro libro de texto de 462 páginas». Con la publicación de *Expedición a través de la Palabra* estamos ahora en condiciones de ofrecer un recurso adaptado para la iglesia local (p. ej., cualquier grupo de estudio con adultos o jóvenes).

Expedición a través de la Palabra es un compendio de *Grasping God's Word*, el libro de texto que se ha venido utilizando con éxito en muchas aulas universitarias y de seminarios en el mundo de habla inglesa. Hemos identificado lo fundamental de *GGW* y reducido la extensión con la omisión de los ejemplos y exposiciones de carácter más especializado, además de unos pocos capítulos. Si al lector le ha gustado el original, pensamos que también le gustará el compendio ya que el enfoque es el mismo.

El capítulo inicial describe el proceso de leer y aplicar la Biblia, proceso que describimos como una expedición interpretativa. Luego, hablamos de las destrezas y conocimientos que se requieren para leer la Biblia en forma adecuada y responsable. Por último, analizamos cómo leer y aplicar secciones específicas del Antiguo Testamento y el Nuevo Testamento. Cada capítulo concluye con preguntas para analizar y tareas prácticas que permiten al lector aplicar lo que ha aprendido. Asimismo, podrían seguir el siguiente plan de enseñanza de ocho semanas para iglesias locales:

Primera semana: Capítulos 1 (Expedición interpretativa) y
7 (Traducciones de la Biblia)
Segunda semana: Capítulos 2 y 3 (Leer con cuidado)
Tercera semana: Capítulos 5 (Contexto histórico-cultural) y
6 (Contexto literario)
Cuarta semana: Capítulos 4 (Qué aportamos al texto) y
8 (Significado y aplicación)
Quinta semana: Capítulos 9 (Cartas) y 12 (Apocalipsis)
Sexta semana: Capítulos 10 (Evangelios) y 11 (Hechos)
Séptima semana: Capítulos 13 (la Ley) y 14 (los Profetas)
Octava semana: Capítulo 15 (Salmos) y Conclusión del estudio

Oramos que *Expedición a través de la Palabra de Dios* sea una guía fiel para el lector en una de las aventuras más gratificantes de la vida: explorar las profundidades de la Palabra de Dios. Que su relación con Dios se ahonde más y vaya solidificándose a medida que aprendan a escuchar y hacer lo que nos ha comunicado.

J. Scott Duvall
J. Daniel Hays

Verano del 2007

1

Un anciano de rostro arrugado en las montañas de Etiopía sorbe café y a través de viejos lentes de lectura erosionados lee de nuevo en su Biblia en lengua amhara la historia de David y Goliat. Una mujer de mediana edad se traslada en autobús por Buenos Aires leyendo y reflexionando acerca del Salmo 1. Un joven ejecutivo coreano, de regreso hacia Seúl en un viaje de negocios a Singapur, vuela sobre un mar de nubes a 11.000 metros de altitud, leyendo y considerando las palabras del apóstol Pablo en Romanos 5. Y en un dormitorio en San Diego, California, un joven estudiante universitario destapa otra botella de refresco y luego se concentra de nuevo en su computador portátil para acabar de leer el relato de Marcos acerca de cómo Jesús calmó de manera milagrosa una violenta tormenta en el Mar de Galilea.

Personas de todo el mundo disfrutan con la lectura de la Biblia, y así ha sido por miles de años. ¿Por qué? Las personas leen la Biblia porque es un libro fascinante, lleno de historias apasionantes y de exhortaciones retadoras. Las personas la leen porque es un libro importante, que trata de las grandes cuestiones de la vida: Dios, la vida eterna, la muerte, el amor, el pecado y la moralidad. Las personas la leen porque creen que en la Biblia Dios les habla por medio de palabras escritas. La Biblia nos estimula, nos levanta el espíritu, nos consuela, nos orienta, nos reprende, nos fortalece, nos da esperanza y nos acerca al Dios vivo.

Algunas partes de la Biblia son fáciles de entender, pero muchas otras no. La mayor parte de los cristianos, sin embargo, desean entender toda la Palabra de Dios, no solo las partes fáciles. Muchos de nosotros deseamos poder ahondar en esa Palabra. Deseamos ver más y entender más del texto bíblico. También deseamos entender la Biblia en forma correcta. Es decir, deseamos sentirnos seguros de poder extraer la verdad real del texto y no solo desarrollar una interpretación arbitraria, ingeniosa o incorrecta. Este libro se ha escrito para esas personas.

El proceso de interpretar y captar la Biblia se asemeja a iniciar una *expedición*. El comienzo de la expedición consiste en la lectura meticulosa y cuidadosa del texto. Gracias a esta lectura cuidadosa podemos llegar a determinar el significado del pasaje en el contexto bíblico, es decir, qué significó para la audiencia bíblica.

A menudo, sin embargo, cuando tratamos de aplicar de manera directa este significado a nuestro caso, encontramos problemas. Nos separan de la audiencia bíblica la cultura y las costumbres, la lengua, la situación y un gran lapso de tiempo. Estas diferencias constituyen un obstáculo, un *río* que nos separa del texto y que con frecuencia nos impide captar su significado en nuestro caso.

Como si esto no bastara, el Antiguo Testamento ensancha el río al agregar otro obstáculo interpretativo importante que nos separa de la audiencia. Entre la audiencia bíblica del Antiguo Testamento y los lectores cristianos de hoy existe un cambio en el *pacto*. Como creyentes del Nuevo Testamento estamos bajo un nuevo pacto, y nos acercamos a Dios por medio del sacrificio de Cristo. El pueblo del Antiguo Testamento, sin embargo, estuvo bajo el antiguo pacto, y para ellos lo fundamental era la ley. En otras palabras, la situación teológica de los dos grupos es diferente. Hay una barrera entre la audiencia del Antiguo Testamento y nosotros debido a que estamos bajo pactos diferentes.

Así pues, el río entre el texto del Antiguo Testamento y nosotros no consiste solo en cultura, lengua, situación y época, sino también en pacto. Tenemos mucho más en común con la audiencia del Nuevo Testamento; pero incluso en el Nuevo Testamento, la cultura, lengua, y situaciones concretas diferentes constituyen un enorme obstáculo para nuestra comprensión del significado del texto. El río a menudo es demasiado profundo y ancho para cruzarlo.

Como consecuencia, el cristiano de nuestra época con frecuencia se siente inseguro en cuanto a cómo interpretar la Biblia. ¿Cómo debemos entender Levítico 19:19, que prohíbe llevar una ropa hecha con dos clases de tejido? ¿Significa esto que los cristianos obedientes deben llevar solo ropas 100% de algodón? En Jueces 6:37 Gedeón se pone un vellón para confirmar lo que Dios le había dicho. ¿Significa esto que debemos ponernos vellones cuando buscamos la dirección de Dios?

Hay pasajes en el Nuevo Testamento que no son mucho más claros. Por ejemplo, Pedro camina sobre el agua en Mateo 14:29. ¿Quiere decir esto que debemos tratar de caminar sobre agua en obediencia a Cristo? Si no, ¿qué significa este pasaje y cómo podemos aplicarlo a nuestra vida? Incluso si no podemos caminar sobre agua, ¿cómo cruzar el río que nos separa del texto?

Cualquier intento de interpretar y aplicar la Biblia conlleva tratar de cruzar el río. Aunque con frecuencia no se dan cuenta de su método de interpretación, muchos cristianos de hoy de todos modos utilizan con frecuencia un *enfoque intuitivo* o de *me hace sentir bien*. Si el texto parece como que se podría aplicar de manera directa, tratan de hacerlo. Si no, asumen un *enfoque espiritual* en cuanto al significado, enfoque que se aproxima mucho a alegorizar el texto bíblico (que no toma en cuenta para nada o muy poco el contexto bíblico). O bien se limitan a encogerse de hombros para pasar a otro pasaje, dejando del todo de lado el significado del texto.

Estos enfoques nunca conducen a salvo a la otra orilla del río. Quienes utilizan el enfoque intuitivo vadean a ciegas el río, con la esperanza de que su profundidad no les llegue por encima de la rodilla. A veces tienen suerte y se topan con un banco de arena, pero con frecuencia se encuentran con aguas profundas y acaban en una orilla aguas abajo. Quienes espiritualizan, por el contrario, tratan de cruzar el río de un gran salto, pero también acaban arrastrados a la otra orilla aguas abajo con sus colegas intuitivos. Hacer caso omiso de un pasaje o saltárselo equivale a permanecer en un punto alejado del río y limitarse a mirar hacia el otro lado sin intentar cruzarlo.

Sin duda hay muchos cristianos que se sienten incómodos con semejantes enfoques, ya que reconocen que la metodología es bastante imprecisa y tiene mucho de subjetiva, pero siguen utilizándola porque es el único método que conocen. ¿Cómo pasamos del mundo de la audiencia bíblica al mundo de hoy?

Este libro propone cómo cruzar ese río hacia el mundo de hoy. Necesitamos un enfoque válido, legítimo, en cuanto a la Biblia, que no se base de manera rígida en la intuición o los sentimientos. Necesitamos un enfoque que extraiga significado del contenido del texto mismo, pero que a la vez cruce hacia la situación del cristiano de hoy.

También necesitamos un enfoque congruente, que se pueda utilizar para cualquier pasaje. Ese enfoque eliminaría el hábito de pasar por alto textos y de recorrer la Biblia en busca de pasajes que podrían aplicarse. Un enfoque congruente nos permitiría ahondar en cualquier pasaje con un método para determinar el significado de ese texto para nosotros hoy. Necesitamos un enfoque que no nos deje varados en las orillas del río interpretativo y que no nos arroje al río para que nos arrastre aguas abajo. Necesitamos una forma de estudiar la Biblia para cruzar el río con validez y exactitud. Nuestra meta en este libro es acompañar al lector en su Expedición para cruzar el río, transportarlo del texto y del mundo de la audiencia bíblica a una comprensión y aplicación válidas del texto para el cristiano de hoy.

Componentes básicos de la expedición

Tengamos presente que el propósito es captar el significado del texto que Dios quiso darle. No creamos significado a partir de un texto; más bien, tratamos de encontrar el significado que ya tiene. Sin embargo, reconocemos que no podemos hoy aplicarnos en forma directa el significado que tuvo para la audiencia distante debido al río que nos separa (cultura, época, situación, pacto, etc.). Seguir los pasos de la Expedición Interpretativa nos proporciona un procedimiento que nos permite tomar el significado para la audiencia pasada y cruzar el río para determinar el significado legítimo que tiene para nosotros hoy.

Esta travesía se basa en la premisa de que la Biblia es un documento de lo que Dios nos comunica acerca de sí mismo y de su voluntad para nosotros. Respetamos la Biblia y la tratamos como santa porque es la Palabra de Dios y porque Dios se nos revela por medio de esta Palabra. Muchos textos en la Biblia son expresiones específicas, concretas, de realidades más amplias, universales, o de principios teológicos. Si bien los aspectos específicos de un pasaje concreto pueden aplicarse solo a la situación particular de la audiencia bíblica, los principios teológicos que se revelan en dicho texto son aplicables a todo el pueblo de Dios en todas las épocas. El principio teológico, por tanto, tiene significado y aplicación tanto para la audiencia bíblica como para los cristianos de hoy.

Como el principio teológico tiene significado y aplicación para ambas audiencias, funciona como un puente que permite cruzar el río de diferencias. En lugar de adentrarnos en el río, intentando de manera insensata cruzar el río de un solo salto, o de mirar con anhelo hacia la otra orilla sin nunca cruzar, podemos llegar con seguridad al otro lado del río por el puente que proporciona el principio teológico. Construir este *puente de principios* será uno de los pasos críticos en nuestra Expedición Interpretativa.

Así pues, nuestra travesía comienza con una lectura cuidadosa del texto. Nuestro destino final es captar el significado del texto de manera que cambie nuestra vida. Es un recorrido emocionante pero exige mucho trabajo. No hay atajos fáciles.

La Expedición Interpretativa básica implica cuatro pasos.

Paso 1: Comprender el texto en su contexto original

¿Qué significó el texto para la audiencia bíblica?

La primera parte del Paso 1 consiste en leer el texto con suma atención para observar los detalles. En este paso, tratemos de ver lo más posible en el texto. Mirar, mirar y volver a mirar, observando todo lo que se pueda. Escudriñar la gramática y analizar todas las palabras significativas. De igual modo, estudiar los contextos histórico y literario. ¿En qué forma este pasaje está relacionado con el que lo precede y con el que lo sigue?

Después de completar todo este estudio, resumir el significado del pasaje para la audiencia bíblica en una o dos frases. O sea, escribir lo que el pasaje significó para la audiencia bíblica. Utilizar verbos en tiempo pasado y referirse a la audiencia bíblica. Por ejemplo:

Dios ordenó a los israelitas en Josué 1 que…

Jesús animó a sus discípulos…

Pablo exhortó a los efesios a que…

Hay que ser concretos. No se debe generalizar ni tratar todavía de desarrollar principios teológicos.

Paso 2: Medir la anchura del río que hay que cruzar

¿Cuáles son las diferencias entre la audiencia bíblica y nosotros?

Como se mencionó antes, el cristiano de hoy está alejado de la audiencia bíblica en cultura, lenguaje, situación, época y con frecuencia

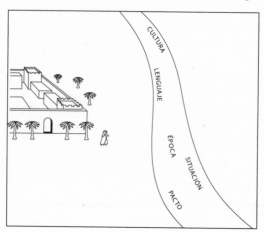

pacto. Estas diferencias conforman un río que nos impide pasar de forma directa del significado en su contexto al significado en los nuestros. La anchura del río, sin embargo, varía de un pasaje a otro. A veces es sumamente ancho, lo que exige un puente largo, sólido, para cruzar. Otras veces, sin embargo, es un arroyo que es fácil de saltar. Es sin duda importante saber la anchura del río antes de tratar de construir un puente de principios sobre él.

En el Paso 2 hay que observar con cuidado el río para determinar su anchura para el pasaje que se está estudiando. En este paso, se buscan las *diferencias* significativas entre nuestra situación hoy y la de la audiencia bíblica. Si estamos estudiando un pasaje del Antiguo Testamento, hay que asegurarse también de identificar las diferencias teológicas importantes que se produjeron como resultado de la vida y obra de Jesucristo.

Además, tanto en el Antiguo como en el Nuevo Testamento, hay que tratar de identificar cualquier aspecto exclusivo de la *situación* del pasaje en consideración. Por ejemplo, en Josué 1:1-9, el pueblo de Israel se estaba preparando para entrar en la Tierra Prometida. Moisés acababa de morir y se había escogido a Josué para que ocupara su lugar. En este pasaje Dios habla a Josué para animarlo a ser fuerte y fiel en la inminente conquista de la tierra. ¿Cuáles son las diferencias? Nosotros no estamos entrando ni conquistando la Tierra Prometida. No somos los nuevos líderes de la nación de Israel. No estamos bajo el antiguo pacto.

Paso 3: Cruzar el puente de principios

¿Cuál es el principio teológico en este texto?

Este es quizá el paso más desafiante. En él buscamos el principio o principios teológicos que se reflejan en el significado del texto que hemos identificado en el Paso 1. Recordemos que este principio teológico forma parte del *significado*. La tarea consiste no en crear el significado sino en descubrir el significado que el autor quiso. Así como Dios da manifestaciones específicas a audiencias

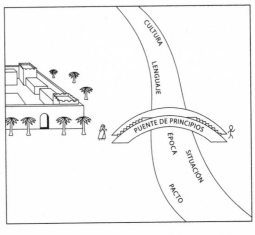

bíblicas específicas, también da enseñanzas teológicas universales a todo su pueblo por medio de estos mismos textos.

Para determinar el principio teológico, recordemos primero las diferencias identificadas en el Paso 2. Luego, tratemos de identificar cualquier *semejanza* entre la situación de la audiencia bíblica y la nuestra. Por ejemplo, examinemos de nuevo Josué 1:1-9. Recordemos, claro está, las diferencias que identificamos en el Paso 2. Pero luego notemos las semejanzas entre la situación bíblica y la nuestra: Somos también el pueblo de Dios, en una relación de pacto (nuevo pacto); aunque no somos los líderes de Israel, con todo muchos de nosotros ocupamos puestos de liderazgo en la iglesia; no estamos entrando a la Tierra Prometida, pero estamos tratando de obedecer la voluntad de Dios y de hacer realidad lo que Dios nos ha mandado hacer.

Después de revisar las diferencias y de identificar las similitudes, regresemos al significado para la audiencia bíblica que describimos en el Paso 1 y tratemos de identificar un principio teológico más amplio que se refleje en el texto, pero que también tenga relación con las semejanzas entre nosotros y la audiencia bíblica. Utilizaremos este principio teológico como el *puente de principios* con el cual podemos superar el río de las barreras.

Además, durante este paso hay que ingresar en la *espiral partestodo*. Es decir, vamos reflexionando sobre el texto y las enseñanzas del resto de la Escritura. El principio teológico que extraemos debe estar presente no solo en el pasaje, sino que debe ser también congruente con el resto de la Escritura. Podemos resumir los criterios para formular el principio teológico de esta forma:

- El principio debe reflejarse en el texto.
- El principio debe ser atemporal y no estar vinculado a una situación específica.
- El principio no debe estar ligado a una cultura particular.
- El principio debe corresponder a la enseñanza del resto de la Escritura.

- El principio debe ser pertinente tanto para la audiencia bíblica como para la audiencia contemporánea.

Escriba el principio (o principios) teológico en una o dos frases. Utilice verbos en tiempo presente.

Paso 4: Comprender el texto en nuestro contexto

¿Cómo debe un cristiano aplicar el principio teológico en su vida?

En este paso aplicamos el principio teológico a la situación específica de cada cristiano en la iglesia hoy. No debemos dejar que el significado del texto quede varado en un principio teológico abstracto. Ahora debemos analizar cómo debemos responder a ese principio en nuestra situación. ¿Cómo se aplica a circunstancias de la vida real hoy?

Aunque para cada pasaje de ordinario habrá solo unos pocos (y a menudo uno solo) principios teológicos relevantes para todos los cristianos hoy, las posibilidades de aplicación serán múltiples. Esto es así porque cristianos de hoy se encuentran en muchas situaciones específicas diferentes. Cada uno de nosotros captaremos y aplicaremos

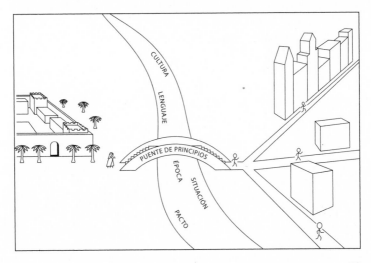

el mismo principio teológico en formas algo diferentes, dependiendo de nuestra situación actual en la vida y de dónde nos encontramos en nuestra relación con Dios. En nuestra ilustración, hemos tratado de mostrar las diferentes aplicaciones posibles mostrando a personas diferentes avanzando por avenidas diferentes. (El paso de aplicación se estudiará con mucho mayor detalle en el capítulo 8).

Así pues, la Expedición Interpretativa como un todo es algo así:

Paso 1: Comprender el texto en su contexto original
Paso 2: Medir la anchura del río que hay que cruzar.
Paso 3: Cruzar el puente de principios.
Paso 4: Comprender el texto en nuestro contexto.

Un ejemplo: Josué 1:1-9

Ya hemos mencionado varias veces el pasaje de Josué 1:1-9. Realicemos ahora la travesía formal a partir de este pasaje del Antiguo Testamento hacia la vida actual con el fin de ilustrar cómo opera la Expedición Interpretativa.

El pasaje dice lo siguiente:

[1]Después de la muerte de Moisés, siervo del Señor, Dios le dijo a Josué hijo de Nun, ayudante de Moisés: [2]«Mi siervo Moisés ha muerto. Por eso tú y todo este pueblo deberán prepararse para cruzar el río Jordán y entrar a la tierra que les daré a ustedes los israelitas. [3]Tal como le prometí a Moisés, yo les entregaré a ustedes todo lugar que toquen sus pies. [4]Su territorio se extenderá desde el desierto hasta el Líbano, y desde el gran río Éufrates, hasta el mar Mediterráneo, que se encuentra al oeste. [5]Durante todos los días de tu vida, nadie será capaz de enfrentarse a ti. Así como estuve con Moisés, también estaré contigo; no te dejaré ni te abandonaré.

[6]«Sé fuerte y valiente, porque tú harás que este pueblo herede la tierra que les prometí a sus antepasados. [7]Solo te pido que tengas mucho valor y firmeza para obedecer toda la ley que mi siervo Moisés te mandó. No te apartes de ella para nada; solo así tendrás éxito

dondequiera que vayas. [8]Recita siempre el libro de la ley y medita en él de día y de noche; cumple con cuidado todo lo que en él está escrito. Así prosperarás y tendrás éxito. [9]Ya te lo he ordenado: ¡Sé fuerte y valiente! ¡No tengas miedo ni de desánimes! Porque el Señor tu Dios te acompañará dondequiera que vayas».

Paso 1: ¿Qué significó el texto para la audiencia bíblica?

El Señor le ordenó a Josué, el nuevo líder de Israel, que extrajera fortaleza y valor de la presencia fortalecedora de Dios, que fuera obediente a la ley de Moisés y que meditara acerca de la ley de Moisés para así poder tener éxito en la conquista de la Tierra Prometida.

Paso 2: ¿Cuáles son las diferencias entre la audiencia bíblica y nosotros?

No somos líderes de la nación de Israel (aunque algunos podemos ser líderes en la iglesia). No vamos a intentar la conquista de Canaán, la Tierra Prometida. No estamos bajo el antiguo pacto de la ley.

Paso 3: ¿Cuál es el principio teológico en este texto?

Para que nuestro servicio a Dios sea efectivo y tengamos éxito en la tarea a la que nos ha llamado, debemos sacar fortaleza y valor de su presencia. También debemos ser obedientes a la Palabra de Dios, meditando sin cesar en ella.

Paso 4: ¿Cómo debe el cristiano de hoy aplicar el principio teológico en su vida?

Las aplicaciones posibles son muchas. Se pueden sugerir unas cuantas:

- Dedicar más tiempo a meditar sobre la Palabra de Dios escuchando música cristiana durante los desplazamientos en automóvil.
- Si Dios nos llama a un ministerio nuevo difícil, como enseñar en la escuela dominical a niños y niñas de cuarto grado, sentirnos fortalecidos y estimulados por su presencia fortalecedora. Ser obedientes, manteniéndonos centrados en la Biblia.
- Si ocupamos un puesto de liderazgo en la iglesia, darse cuenta de que el liderazgo cristiano exitoso requiere fortaleza y valor que emanan de la presencia de Dios.

Expedición a través de la Palabra de Dios

La Expedición Interpretativa es de hecho un modelo para este libro. En los capítulos 2 y 3 aprendemos a observar y leer con suma atención. Comenzamos con unidades más pequeñas, más sencillas, para pasar luego a unidades de texto más complejas y largas. En los capítulos 4, 5 y 6 dedicamos tiempo a analizar contextos del lector contemporáneo y contextos histórico-culturales y literarios del texto original. En el capítulo 7 nos informaremos más acerca de las traducciones de la Biblia. Todos estos capítulos nos proporcionan destrezas necesarias para recorrer los Pasos 1 y 2 de la Expedición. El capítulo 8 trata del significado y de las aplicaciones, temas importantes para transitar por los Pasos 3 y 4 de la Expedición.

Luego pasamos a la práctica real de interpretar y aplicar el Nuevo Testamento. Enseñamos cómo recorrer los diferentes tipos de literatura del Nuevo Testamento. Los capítulos 9 a 12 abarcan, respectivamente, cartas del Nuevo Testamento, los Evangelios, Hechos y el libro de Apocalipsis. Estos capítulos incorporan todo lo aprendido antes y muestran cómo aplicar las nuevas destrezas al Nuevo Testamento.

Por último, examinamos algunos de los retos y oportunidades específicos de interpretar y aplicar pasajes de los diferentes géneros del Antiguo Testamento. Los capítulos 13 a 15 pulen las destrezas para entender y aplicar pasajes de toda una gama de literatura del Antiguo Testamento: la Ley, los Profetas y los Salmos.

¿Estamos listos para adentrarnos en el terreno emocionante de la interpretación y aplicación? Nos esperan muchos pasajes bíblicos interesantes. ¡A esforzarnos! Las recompensas son muchas.

Preguntas para debatir

1. ¿Qué tiene de equivocado el método «intuitivo» de interpretación?
2. ¿Cuáles son los cuatro pasos de la Expedición Interpretativa?
3. ¿Cuáles son las diferencias que determinan la anchura del río que hay que cruzar?
4. ¿Cuáles son las directrices para desarrollar principios teológicos?

Lectura seria

2

Lectura seria y cartas de amor

¿En qué consiste la lectura seria? Ponderemos el siguiente episodio acerca de un lector «serio»:

Cómo leer una carta de amor

Este joven acaba de recibir su primera carta de amor. Quizá la lea tres o cuatro veces, pero apenas está comenzando. Para leerla con la mayor exactitud posible, necesitaría varios diccionarios y mucha colaboración de varios expertos en etimología y filología.

Sin embargo, lo hará muy bien sin ellos.

Reflexionará acerca del exacto matiz de significado de cada palabra, de cada coma. El encabezamiento dice, «Querido Juan». ¿Cuál es el significado exacto de esas palabras? ¿Se abstuvo la autora de decir «Amor mío» por timidez? ¿Hubiera sido demasiado formal haber escrito «Querido mío»?

¡Quizá habría escrito «Querido fulano de tal» a cualquiera! Ahora comienza a fruncir el ceño. Pero se tranquiliza en cuanto se pone a pensar en la primera frase. ¡No se la habría escrito a cualquiera!

De manera que va leyendo la carta, en algún momento sintiéndose como en una nube, para luego acurrucarse lleno de tristeza en un rincón. Cien preguntas le han venido a la mente. Podría recitar la carta de memoria. De hecho, lo hará, para sí mismo, durante varias semanas[1].

Este joven enfermo de amor es un buen lector porque escudriña el texto en todos sus detalles, incluso los más insignificantes. Una de las destrezas más determinantes que se necesitan al leer la Biblia es la capacidad para ver los detalles. La mayoría de nosotros leemos la Biblia demasiado aprisa y pasamos por encima de los detalles. Sin embargo, el significado de la Biblia está muy ligado a los detalles de cada frase. Un primer paso para entender un texto bíblico es observar la mayor cantidad posible de detalles. En esta fase inicial del análisis, hay que abstenerse de *interpretar y aplicar* el texto. Estos pasos son importantes, pero vienen más tarde, después del paso de *observación*. Nuestro primer paso es leer *con cuidado*, advertir la mayor cantidad posible de detalles, observar nuestro texto con la minuciosidad de los investigadores de la escena de un crimen.

Tengamos presente que todavía no hacemos la pregunta «¿Qué significa el texto?». Solo preguntamos «¿Qué dice el texto?». Todavía no hemos comenzado a averiguar las implicaciones de nuestras observaciones. De igual modo, no hay que limitar nuestras observaciones a las llamadas *ideas profundas* o aspectos muy importantes. En el paso de observación queremos verlo todo, todos los detalles. Más adelante abordaremos el problema de ir escogiendo los detalles para determinar el significado.

¡A trabajar! ¡Lleguemos a lo más profundo! ¡Nos espera el banquete!

Cosas que hay que buscar en las frases

1. Repetición de palabras

Busquemos palabras que se repiten. Hay que tomar nota de todas las palabras que se repiten en la frase que se está estudiando. Luego, hay que repasar las frases alrededor del texto que estamos leyendo para buscar repeticiones en el pasaje más amplio.

Por ejemplo, leamos 1 Juan 2:15-17:

> No amen al mundo ni nada de lo que hay en él. Si alguien ama al mundo, no tiene el amor del Padre. Porque nada de lo que hay

en el mundo —los malos deseos del cuerpo, la codicia de l os ojos y la arrogancia de la vida— proviene del Padre sino del mundo. El mundo se acaba con sus malos deseos, pero el que hace la voluntad de Dios permanece para siempre.

¿Qué palabra se repite en la primera frase? ¿Aparece también esta palabra (*mundo*) en la frase siguiente? ¿Cuántas veces se utiliza en este pasaje la palabra *mundo*. ¿Está en todas las frases? ¿Lleva siempre el artículo definido *el*, como en *el mundo*? ¿Advertimos también la repetición de *amar*? ¿Cuántas veces aparece *amar*? Con solo observar la repetición de palabras, tenemos un indicio inicial de qué puede tratar el pasaje. Tiene que ver algo con el mundo, en particular, sobre amar al mundo.

Busquemos también repetición de palabras en otros pasajes. Leamos los siguientes textos y tomemos nota de la cantidad de veces que se repiten las palabras indicadas:

Juan 15:1-10 (buscar *permanecer*)

Mateo 6:1-18 (buscar *padre*)

1 Corintios 15:50-54 (buscar *corruptible* e *incorruptible*)

2. Contrastes

Buscar elementos, ideas o individuos que se contraponen entre sí. Como ejemplo de contraste, veamos Proverbios 14:31:

El que oprime al pobre ofende a su Creador,
    pero honra a Dios quien se apiada del necesitado.

Este pasaje contrapone dos clases diferentes de personas. El contraste radica en la manera en que tratan al pobre y en la forma en que este comportamiento para con el pobre refleja la actitud que tienen hacia Dios. Una clase de personas oprime al pobre, y esta acción refleja desprecio a Dios ya que él es su Creador. La otra clase de personas trata bien al pobre; sus acciones respecto al pobre honran a Dios.

¿Qué se contrasta en Proverbios 15:1?

La respuesta amable calma el enojo,
> pero la agresiva echa leña al fuego.

También los escritores del Nuevo Testamento utilizan a menudo contrastes. Leamos Romanos 6:23 e identifiquemos los dos contrastes:

Porque la paga del pecado es muerte, mientras que la dádiva de Dios es vida eterna en Cristo Jesús, nuestro Señor.

3. Comparación

El contraste se centra en diferencias, mientras que la comparación se centra en semejanzas. Busquemos elementos, ideas o personas que se comparan entre sí. Proverbios 25:26 ofrece un buen ejemplo del Antiguo Testamento:

Manantial turbio, contaminado pozo,
> Es el justo que flaquea ante el impío.

¿En qué sentido el justo que cede ante el impío es como un manantial turbio? Porque el manantial, al igual que el hombre, en otro tiempo estuvo limpio, fue puro y útil, pero ahora está contaminado y no sirve para nada.

En Isaías 40:31 se hace una excelente comparación, ya que se equipara la renovación de la fortaleza recibida al poner la esperanza en Dios con el vuelo del águila.

…pero los que confían en el Señor
> renovarán sus fuerzas;
volarán como las águilas;
> correrán y no se fatigarán,
> caminarán y no cansarán.

Un buen estudio de la Biblia puede ayudarnos también a nosotros a volar como águilas. Así que, sigamos leyendo.

4. Listas

Siempre que encontremos una lista con más de dos elementos, considerémosla una lista. Pongámosla por escrito y analicemos su importancia. ¿Tiene algún orden? ¿Están agrupados de algún modo sus elementos? Por ejemplo, ¿qué tres cosas contiene la lista en 1 Juan 2:16?

Porque nada de lo que hay en el mundo —los malos deseos del cuerpo, la codicia de los ojos y la arrogancia de la vida— proviene del Padre sino del mundo.

¿Qué se enumera en Gálatas 5:22-23?

En cambio el fruto del Espíritu es amor, alegría, paz, paciencia, amabilidad, bondad, fidelidad, humildad y dominio propio.

¿Qué se enumera en Gálatas 5:19-20?

Las obras de la naturaleza pecaminosa se conocen bien: inmoralidad sexual, impureza y libertinaje; idolatría y brujería; odio, discordia, celos, arrebatos de ira, rivalidades, disensiones, sectarismo y envidia; borracheras, orgías y otras cosas parecidas.

5. Causa y efecto

A menudo los escritores bíblicos presentan una *causa* y luego el *efecto* de la misma. El *efecto* es resultado o consecuencia de la *causa*.

Antes leímos Proverbios 15:1 y descubrimos que el versículo contenía un contraste. También contiene dos relaciones causa-y-efecto. Veámoslo de nuevo:

La respuesta amable calma el enojo,
pero la agresiva echa leña al fuego.

La primera causa es una *respuesta amable*. ¿Cuál es el efecto de dicha causa? Calma el enojo. La segunda causa es la respuesta *agresiva*.

¿Cuál es la consecuencia de esta? Como lo sabemos muy bien, echa leña al fuego.

Veamos también de nuevo Romanos 6:23:

> Porque la paga del pecado es muerte, mientras que la dádiva de Dios es vida eterna en Cristo Jesús, nuestro Señor.

En este pasaje el *pecado* es la causa y la *muerte* el efecto.

De igual modo, leamos Romanos 12:2:

> No se amolden al mundo actual, sino sean transformados mediante la renovación de su mente. Así podrán comprobar cuál es la voluntad de Dios, buena, agradable y perfecta.

¿Cuál es la causa? Nuestra transformación por medio de la renovación de nuestra mente. ¿Cuál es el efecto asociado con ella? El efecto es la capacidad para discernir la voluntad de Dios.

Como podemos ver, las relaciones causa-y-efecto desempeñan un papel importante en la Biblia. Estemos siempre al tanto de las mismas.

6. Figuras retóricas

Las figuras retóricas son imágenes en las que las palabras se utilizan en un sentido que no es el normal o literal. Por ejemplo, pensemos acerca de la imagen de la lámpara en el Salmo 119:105:

> Tu palabra es una lámpara a mis pies;
>   es una luz en mi sendero.

La Palabra de Dios no es una *lámpara* en el sentido literal para iluminarnos el camino. Antes bien, es una *lámpara* metafórica que nos permite ver con claridad nuestro camino por la vida (*pies/sendero*). Nótese que tanto *lámpara* como *pies/sendero* son figuras retóricas.

Al estudiar textos bíblicos, identifiquemos y advirtamos siempre las figuras retóricas que aparezcan. Tratemos de visualizarlas.

Preguntemos: «¿Qué imagen está tratando de transmitir el autor?». Por ejemplo, leamos de nuevo Isaías 40:31:

> ...pero los que confían en el Señor
>> renovarán sus fuerzas;
> volarán como las águilas;
>> correrán y no se fatigarán,
>> caminarán y no cansarán.

Volar como águilas es una figura retórica. ¿Podemos visualizar la imagen: volando... deslizándose por una corriente de aire cálido... planeando sin ni siquiera mover las alas?

Las figuras retóricas son modalidades literarias poderosas porque describen imágenes con las que podemos relacionarnos a nivel emocional.

7. Conjunciones

Si imaginamos que el texto bíblico es como una casa hecha de ladrillos, las conjunciones son la argamasa que mantiene juntos a los ladrillos (frases y oraciones). Un aspecto fundamental de la lectura cuidadosa es advertir todas las conjunciones (*y, para, pero, por tanto, como, porque*, etc.). ¡Tenemos la tendencia a pasarlas por alto! Pero no debe ser así. Sin la argamasa, los ladrillos se derrumbarían en un amasijo. Siempre debemos tomar nota de las conjunciones para luego identificar su propósito o función. Es decir, tratemos de determinar qué es lo que conecta la conjunción.

Por ejemplo, si encontramos la conjunción *pero*, podríamos suponer que se trata de algún tipo de contraste. Busquemos en el texto las cosas que se contrastan con dicha conjunción. Recordemos Romanos 6:23:

> Porque la paga del pecado es muerte, *mientras que* la dádiva de Dios es vida eterna en Cristo Jesús, nuestro Señor.

La conjunción *mientras que* indica un contraste entre la paga del pecado (la muerte) y la dádiva de Dios (vida eterna).

Por tanto o *así pues* indican alguna clase de conclusión basada en razonamientos previos. Cuando encontremos un *por tanto*, volvamos a leer el texto para determinar cuál fue la razón previa. A veces resulta fácil encontrar la razón, expresada en forma patente en el versículo previo. Sin embargo, otras veces, es más difícil encontrar la razón previa. Puede referirse a un mensaje más amplio de varios capítulos anteriores.

8. Verbos: donde se encuentra la acción

Los verbos son importantes porque comunican la acción de la oración. Al examinar el texto, asegurémonos de tomar nota de la acción verbal. Tratemos de identificar qué clase de verbo se usa. ¿Está el verbo en tiempo pasado, presente o futuro (*fui, voy, iré*)? ¿Presenta una idea progresiva; es decir, indica una acción continua (*iba, estoy yendo, iré*)? ¿Es un verbo en imperativo? Los verbos en imperativo mandan a alguien que haga algo (*¡Ve!*). ¡Procuremos sobre todo tomar nota de todos los verbos en imperativo! A menudo contienen algo que Dios nos manda.

Véase la lista de verbos en imperativo en Efesios 4:2-3:

> [Sean] siempre humildes y amables, pacientes, tolerantes unos con otros en amor. Esfuércense por mantener la unidad del Espíritu mediante el vínculo de la paz.

Otra distinción importante que se debe buscar en los verbos es si están en forma activa o pasiva. Los verbos en forma activa son aquellos en los que el sujeto es el que actúa (*Juan golpeó* la bola). Los verbos en pasiva son aquellos en los que el sujeto recibe la acción (*Juan fue golpeado* por la bola). Esta distinción tiene especial importancia en las cartas de Pablo porque los verbos a menudo distinguen lo que hacemos y lo que Dios ha hecho por nosotros.

Véanse los siguientes verbos en activa y en pasiva:

> Ya que *han resucitado* [¡pasiva en el griego!] en Cristo, *busquen* (¡activa!) las cosas de arriba, donde está Cristo *sentado* (¡pasiva!) a la derecha de Dios. (Colosenses 3:1)

En Cristo también *fuimos hechos* (¡pasiva!) herederos, pues *fuimos pre-destinados* (¡pasiva!) según el plan de aquel que *hace* (¡activa!) todas las cosas conforme al designio de su voluntad. (Efesios 1:11).

9. Pronombres

Los pronombres son palabras que se refieren a otros nombres (personas, lugares, elementos, ideas) en el contexto. Los pronombres incluyen palabras como *él, ella, usted, yo, mi, nosotros* y *lo/la/los/las*. Tomemos nota de todos los pronombres y asegurémonos de identificar el antecedente (a quién o a qué se refiere el pronombre). ¿Quiénes son el *nuestro* y el *nos* en Efesios 1:3?

Alabado sea Dios, Padre de *nuestro* Señor Jesucristo, que *nos* ha bendecido en las regiones celestiales con toda bendición espiritual en Cristo.

Identifiquemos todos los pronombres en el texto siguiente:

Pase lo que pase, compórtense de una manera digna del evangelio de Cristo. De este modo, ya sea que vaya a verlos o que, estando ausente, solo tenga noticias de ustedes, sabré que siguen firmes en un mismo propósito, luchando unánimes por la fe del evangelio y sin temor alguno a sus adversarios, lo cual es para ellos señal de destrucción. Para ustedes, en cambio, es señal de salvación, y esto proviene de Dios. Porque a ustedes se les ha concedido no solo creer en Cristo, sino también sufrir por él, pues sostienen la misma lucha que antes me vieron sostener, y que ahora saben que sigo sosteniendo. (Filipenses 1:27-30)

Preguntas para analizar

1. Leer 1 Juan 1:5-7. ¿Qué «cosas que hay que buscar» en este capítulo encuentran en el versículo 5? ¿En el versículo 6? ¿En el versículo 7?

2. Leer Romanos 12:1-2. ¿Qué «cosas hay que buscar» en este capítulo encuentran en el versículo 1? ¿En el versículo 2?

Tarea escrita

Fotocopie esta página de 1 Timoteo 6:17-19 y escriba abajo todas las observaciones que se puedan acerca de este pasaje.

[17]A los ricos de este mundo mándales que no sean arrogantes ni

pongan su esperanza en las riquezas, que son tan inseguras, sino en

Dios, que nos provee de todo en abundancia para que lo disfrutemos.

[18]Mándales que hagan el bien, que sean ricos en buenas obras, y generosos, dispuestos a compartir lo que tienen. [19]De este modo atesorarán

para sí un seguro caudal para el futuro y obtendrán la vida verdadera.

*E*n contraste con el último capítulo, a veces debemos centrar nuestra atención en el horizonte. A veces necesitamos dar un paso atrás para contemplar el panorama general en torno al pasaje que estamos estudiando. En el capítulo 2 aprendimos a hacer observaciones referentes a las frases. En este capítulo seguiremos desarrollando la habilidad para hacer observaciones, pero nos centraremos no ya en estudiar frases sino en estudiar párrafos e incluso capítulos y episodios. ¡Sigamos buscando! ¡Sigamos observando! ¡Sigamos ahondando en la Palabra de Dios!

1. General y específico

A veces un autor introducirá una idea mediante una afirmación general, o sea, un panorama o resumen de su idea principal. Luego el autor agregará a esta afirmación general aspectos específicos de la idea. Con frecuencia estos elementos específicos proporcionan los detalles de apoyo que hacen que la idea general sea verdadera o la explican en forma más completa. Por ejemplo, podemos formular una declaración general, «Me gustan los postres». Luego podemos explicarlo de manera más completa mediante detalles específicos, «Me gustan el pastel de manzana, la torta de fresas, los helados de chocolate y la tarta de queso». Esto es un proceso de ir de lo *general* a lo *específico*.

Aunque los autores bíblicos no escriben acerca de helados de chocolate, sí utilizan con frecuencia la característica literaria de ir de lo *general a lo específico* para comunicarse con nosotros. Por ejemplo, en Gálatas 5:16 Pablo hace una declaración *general*:

> Así que les digo: Vivan por el Espíritu y no seguirán los deseos de la naturaleza pecaminosa.

Vivir por el Espíritu y no seguir los deseos de la naturaleza pecaminosa son dos afirmaciones generales. Como lectores, deseamos conocer más detalles o aspectos específicos acerca de cada una de ellas. Pablo nos complace ofreciéndonos los detalles de seguir «los deseos de la naturaleza pecaminosa» en 5:19-21a:

> Las obras de la naturaleza pecaminosa se conocen bien: inmoralidad sexual, impureza y libertinaje; idolatría y brujería; odio, discordia, celos, arrebatos de ira, rivalidades, disensiones, sectarismos y envidia, borracheras, orgías, y otras cosas parecidas...

Pablo presenta luego los aspectos *específicos* de «vivir por el Espíritu» en 5:22-23a:

> En cambio, el fruto del Espíritu es amor, alegría, paz, paciencia, amabilidad, bondad, fidelidad, humildad y dominio propio.

Así pues, Pablo ha planteado una afirmación *general* en Gálatas 5:16 y luego ha pasado a afirmaciones *específicas* conexas en 5:19-23a.

Tengamos también presente que los autores a menudo utilizarán un orden inverso para pasar de lo *específico* a lo *general*. El autor enumerará primero los elementos *específicos* («Me gusta el pastel de manzana, la torta de fresas, los helados de chocolate y la tarta de queso») para pasar luego a recapitular la idea con una declaración general que sintetiza el punto principal («Me gustan los postres»).

2. Preguntas y respuestas

Hay ocasiones en que un autor planteará una pregunta retórica para pasar luego a responderla. Pablo lo hace varias veces en Romanos. Por ejemplo, en Romanos 6:1 pregunta:

¿Qué concluiremos? ¿Vamos a persistir en el pecado, para que la gracia abunde?

Luego responde a dicha pregunta en el versículo 2:

¡De ninguna manera! Nosotros, que hemos muerto al pecado, ¿cómo podemos seguir viviendo en él?

En los versículos siguientes, el apóstol continúa analizando la respuesta a su pregunta inicial en Romanos 6:1. Pablo utiliza esta clase de formato de pregunta y respuesta también en muchos otros lugares en Romanos (3:1, 5, 9, 27-31; 4:1, 9; 6:15; 7:1, 7, 13; 8:31-35; 11:1, 7, 11).

Esta técnica no solo se encuentra en las cartas de Pablo. Marcos utiliza el formato de pregunta y respuesta en varios lugares como telón de fondo para la historia de Jesús. Por ejemplo, en Marcos 2:1-3:6 se encuentran cinco episodios que giran en torno a una pregunta y una respuesta.

3. Diálogo

El diálogo, desde luego, coincide en parte con el método de pregunta y respuesta que acabamos de ver. Las cuatro preguntas en Marcos 2:15-3:6 forman parte de un diálogo que sostienen Jesús y los fariseos. A primera vista, el diálogo parece demasiado obvio como para prestarle atención. Es obvio que en muchas narraciones se utiliza con frecuencia el diálogo y es fácil de identificar. Pero no hay que dejar atrás el punto del diálogo. Nótese el hecho de que se está dando un diálogo. Luego, se formulan preguntas respecto al diálogo. ¿Quiénes son los participantes? ¿Quién habla a quién? ¿Cuál es el ambiente? ¿Están presentes otras personas? ¿Están escuchando? ¿Están participando en el diálogo? ¿Es el diálogo una polémica? ¿Una discusión? ¿Una enseñanza? ¿Una cháchara amistosa? ¿De qué trata el diálogo?

Las historias de la Biblia contienen una gran cantidad de maravillosos diálogos. Recordemos la conversación de Jesús con la mujer samaritana junto al pozo en Juan 4. Otro diálogo muy conocido se da entre Pedro y Jesús en Juan 13:6-10, cuando discuten acerca de si Jesús lavará o no los pies de Pedro. Sin duda que una de las más inusuales discusiones en la Biblia es la conversación entre Balán y su burra en Números 22.

4. Declaración de propósito y resultados

Identifiquemos siempre las *declaraciones de propósito y resultados*. Se trata de frases u oraciones que describen la razón, los resultados o la consecuencia de alguna acción. A menudo se introducen con conjunciones que sugieren resultados como *que*, *con el fin de*, *de manera que*, etc., pero también se pueden introducir con solo el infinitivo (*para* y un verbo). Los ejemplos siguientes ilustran el empleo de declaraciones de propósito:

> Porque somos hechura de Dios, creados en Cristo Jesús *para* [hacer] buenas obras. (Efesios 2:10)

> Porque tanto amó Dios al mundo, *que* dio a su Hijo unigénito. (Juan 3:16)

> No me escogieron ustedes a mí, sino que yo los escogí a ustedes y los comisioné *para que* vayan y den fruto, un fruto que perdure. (Juan 15:16)

5. Medios

Cuando se declara una acción, un resultado o un propósito, hay que buscar los *medios* que producirán dicha acción, resultado o propósito. ¿Cómo se va a hacer realidad la acción o resultado? ¿Cómo se logrará el propósito? Por ejemplo, leamos la segunda parte de Romanos 8:13:

> … pero si *por medio del Espíritu* dan muerte a los malos hábitos del cuerpo, vivirán.

El *medio* con el que se da muerte a los malos hábitos del cuerpo es el Espíritu.

De igual modo, detengámonos un momento en el Salmo 119:9:

> ¿Cómo puede un joven llevar una vida íntegra?
> > Viviendo conforme a tu palabra.

El propósito o acción deseada es que el joven mantenga su vida pura. ¿Cuál es el *medio*? Vivir conforme a la Palabra de Dios.

6. Cláusulas condicionales

Identificar todas las cláusulas condicionales. Se trata de las que presentan las condiciones bajo las cuales se dará alguna acción, consecuencia, realidad o resultado. El aspecto condicional lo suele introducir la conjunción condicional *si*; el resultado o consecuencia de vez en cuando la introduce el término *entonces*, aunque con frecuencia no se utilizan palabras específicas para introducir el resultado o consecuencia. Siempre que encontramos una cláusula condicional, hay que determinar cuál es la acción condicional requerida (la porción *si*) y cuál es el resultado o consecuencia (la porción *entonces*).

Identifiquemos la cláusula condicional y el resultado o consecuencia en cada una de los siguientes textos:

Si afirmamos que tenemos comunión con él, pero vivimos en la oscuridad, mentimos y no ponemos en práctica la verdad. (1 Juan 1:6)

Condición: si afirmamos que tenemos comunión con él pero vivimos en la oscuridad.

Resultado o consecuencia: mentimos y no ponemos en práctica la verdad.

Si alguno está en Cristo, es una nueva creación. ¡Lo viejo ha pasado, ha llegado ya lo nuevo (2 Co 5:17).

Condición: si alguno está en Cristo.

Resultado o consecuencia: es una nueva creación; ¡lo viejo ha pasado, ha llegado ya lo nuevo!

7. Las acciones/papeles de las personas y las acciones/papeles de Dios

A menudo los pasajes bíblicos se referirán a acciones que las personas realizan así como acciones que lleva a cabo Dios. Identifiquémoslas y señalémoslas por separado. Hagamos la pregunta: «¿Qué hace Dios (el Padre, el Hijo o el Espíritu) en este pasaje?», y también «¿Qué hacen las personas en este pasaje?». Luego preguntemos si hay alguna clase de nexo entre lo que Dios hace y lo que hacen las personas.

Por ejemplo, leamos Efesios 5:1-2:

> Por tanto, imiten a Dios, como hijos muy amados, y lleven una vida de amor, así como Cristo nos amó y se entregó por nosotros como ofrenda y sacrificio fragante para Dios.

¿Cuáles son, en este pasaje, las acciones o papeles de las personas? Se nos dice que imitemos a Dios de la misma forma que los hijos son imitadores. También se nos dice que vivamos una vida de amor tal como lo hizo Cristo. ¿Cuál es el papel de Cristo y de Dios en este pasaje? El papel de Cristo fue ofrecerse a Dios por nosotros. El papel de Dios fue ser aquel a quien hay que imitar.

Además, asegurémonos de estudiar cuándo se hacen referencias a Dios en términos condicionales (padre, esposo, rey). Por ejemplo, en Mateo 5:43-6:34 hay *once* referencias a Dios como «Padre» (5:45, 48; 6:1, 4, 6, 8, 9, 14, 15, 18, 32). Con ese empleo repetido de «Padre» en este pasaje (del Sermón del Monte), Jesús está sin duda tratando de trasmitir una idea de relación con Dios como Padre (tanto suya como nuestra).

8. Términos emotivos

La Biblia no es un libro de información abstracta, técnica. Es un libro acerca de relaciones, sobre todo relaciones entre Dios y las personas. En las relaciones, las emociones desempeñan un papel importante. En la interpretación bíblica se tiende a pasarlo por alto. Como parte de nuestra lectura dedicada, cuando analizamos un texto asegurémonos de subrayar palabras y frases que tienen connotaciones emocionales, o sea, palabras que transmiten sentimiento y emoción. Tratemos también de tomar nota de términos como «padre, madre, hijo, hija», y así sucesivamente. Estos suelen tener también connotaciones emocionales subyacentes.

Leamos el pasaje siguiente y advirtamos las connotaciones emotivas de las frases y palabras en cursiva:

> Hermanos, yo me he identificado con ustedes. Les *suplico* que ahora se identifiquen conmigo. No es que me hayan ofendido en algo. Como bien saben, la primera vez que les prediqué el evangelio fue debido a una enfermedad, y aunque esta fue una prueba para ustedes, no me trataron con *desprecio* ni *desdén*. Al contrario, me *recibieron* como a ángel de Dios, como si tratara de Cristo Jesús. Pues bien, ¿qué pasó con todo ese *entusiasmo*? Me consta que, de haberles sido posible, se habrían *sacado los ojos* para dármelos. ¡Y ahora resulta que por decirles la verdad me he vuelto su *enemigo*! (Gá 4:12-16).

Suplicar es mucho más emotivo que *pedir*, ¿no es así? En este pasaje (y en todo Gálatas) parece que Pablo escogió a propósito términos emotivos fuertes para expresarse. ¿Qué sentimientos expresa Pablo aquí? ¿Por qué saca a relucir su relación anterior, recordando cómo lo habían acogido en otro tiempo? ¿Cuán contundente es la expresión *sacarse los ojos*? De igual modo, ¿qué clase de connotaciones conlleva la palabra *enemigo*?

9. Conexiones entre párrafos y episodios

Después de leer con mucha atención y de estudiar meticulosamente en el ámbito de frases y de párrafos, es importante preguntar cómo un párrafo dado (en las cartas) o un episodio (los relatos) se relaciona con los otros párrafos / episodios que preceden y siguen a continuación del que se está estudiando. ¿Cuál es el nexo entre nuestro párrafo y el párrafo que lo antecede? ¿Y qué decir en el caso del párrafo que sigue? ¿Cómo se relacionan todos ellos?

Hasta ahora nos hemos centrado en la relación entre frases, cláusulas, y oraciones. Examinamos las relaciones causa-efecto, relaciones de lo general a lo específico, cláusulas condicionales con efectos resultantes o consiguientes, y otros aspectos relacionales dentro de frases y entre oraciones. A menudo estas mismas características conectan párrafos (en las cartas) y episodios (en relatos).

Busquemos conexiones. Busquemos palabras o temas que se repiten. Busquemos conexiones lógicas como causa y efecto. Asegurémonos de estudiar las conjunciones entre los párrafos. En episodios narrativos prestemos atención a la secuencia temporal de cada episodio. Y recordemos, hay que seguir buscando, ahondando y leyendo y, no importa lo que hagamos, no nos detengamos después de un breve vistazo al texto. Sumerjámonos en el pasaje. Busquemos estas conexiones. Son fundamentales para el significado.

10. Cambios en la historia: Interrupciones y giros importantes

Al leer porciones extensas de texto, busquemos los puntos críticos donde la historia parece cambiar. En las cartas esto suele darse a modo de *interrupción importante*. El escritor cambia de tema, a menudo bajo la forma de pasar de una exposición doctrinal a un tema práctico. Es importante tomar nota de estos *cambios*. Se dan también en relatos, pero bajo la forma de *episodios cruciales*. De ordinario, el cambio en la dirección de la historia viene señalado por un episodio de significado inusual (un *episodio crucial*)

Por ejemplo, en los tres primeros capítulos de la carta de Pablo a los efesios, se presenta una explicación doctrinal acerca de la nueva vida de los efesios en Cristo y de las implicaciones de esa nueva vida, en especial en cuanto a la unidad de judíos y gentiles en esa nueva vida. Efesios 4, sin embargo, significa una *interrupción importante*, porque ahora Pablo comienza a hacer exhortaciones prácticas acerca de cómo los efesios deben poner en práctica la doctrina de los capítulos 1-3. Así que, mientras que los capítulos 1-3 tratan sobre todo de doctrina, los capítulos 4-6 se centran en la vida práctica.

Ejemplo

Este ejemplo está tomado de Colosenses 1:3-8:

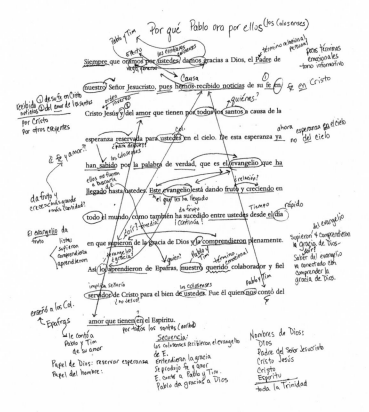

Conclusión

Para poder interpretar y entender la Biblia, primero debemos leerla con cuidado, observando todos los detalles. Debemos estudiar primero las frases y en un nivel más amplio, los párrafos y los episodios. Hemos hecho la lista de algunos aspectos que debemos buscar —causa y efecto, repetición, general-a-específico, y así sucesivamente. Esta lista está lejos de ser exhaustiva. El propósito de estos aspectos que hemos enumerado es ayudar a comenzar a leer con cuidado. Hemos presentado algunos de los aspectos literarios principales que hay que buscar. Pero como ya se habrá descubierto, leer con cuidado, en realidad observando de cerca, implica examinar todos los detalles y hacerle numerosas preguntas al texto.

Hay que tener presente que todavía nos encontramos en el primer paso en nuestra Expedición a través de la Palabra de Dios. Más adelante pasaremos a determinar el significado y a aplicar ese significado. Son fundamentales, sin embargo, los capítulos 2 y 3 acerca de estudiar y leer con cuidado, porque si dejamos de lado el paso de la lectura cuidadosa y pasamos sin más a la aplicación solo después de una lectura superficial, casi con toda seguridad que no captaremos el significado del pasaje. Además, la Biblia se volverá aburrida porque nunca encontraremos nada en ella que no hayamos visto antes. Pero si la leemos con cuidado, y observamos, observamos, observamos, es mucho más probable que lleguemos a captar el verdadero significado y la Biblia se volverá interesante porque estaremos encontrando cosas nuevas.

Como es la Palabra de Dios, la Biblia es un libro único en el campo de la literatura. Es como una mina que nunca se agota. Uno puede excavarla durante toda la vida sin agotarla. Los autores hemos estado estudiando la Biblia con mucha dedicación por más de veinticinco años, y todavía seguimos viendo cosas nuevas —nuevas ideas que nunca antes habíamos percibido, nuevas conexiones que nunca antes establecimos. Esto mantiene a la Biblia como algo fresco y apasionante para nosotros. Nuestra esperanza y lo que le pedimos a Dios es que el lector siga leyendo la Palabra de Dios con cuidado y que estudie el texto con disciplina. Que sea esta una búsqueda de por vida. Las recompensas son abundantes.

Preguntas para analizar

1. ¿Por qué piensa que es importante estudiar tanto los detalles de un texto (capítulo 2) como las pautas más amplias dentro de un texto (capítulo 3)?
2. Además de lo que se menciona en los capítulos 2 y 3 que se debe estudiar, ¿qué otras características de un pasaje encuentra útil estudiar?
3. ¿Cuáles son los beneficios de un estudio cuidadoso? ¿Qué sucede si el intérprete no hace nada más que estudiar?

Tarea escrita

Fotocopie Filipenses 2:1-4 que sigue. De acuerdo con el ejemplo de la página 39, escriba observaciones sobre este pasaje. Escriba todas las que pueda. Escriba en el texto y en los márgenes.

[1]Si sienten algún estímulo en su unión con Cristo, algún consuelo en su amor, algún compañerismo en el Espíritu, algún afecto entrañable, [2]llénenme de alegría teniendo un mismo parecer, un mismo amor, unidos en alma y pensamiento. [3] No hagan nada por egoísmo o vanidad; más bien, con humildad consideren a los demás como superiores a ustedes mismos. [4]Cada uno debe velar no solo por sus propios intereses, sino también por los intereses de los demás.

¿Qué aportamos al texto? 4

En los dos capítulos siguientes analizaremos la importancia del contexto para la interpretación bíblica. Un contexto que a menudo se pasa por alto es el del lector, el mundo a partir del cual el lector se acerca al texto. Como lectores de la Biblia, no somos ni neutrales por naturaleza ni tampoco objetivos. Cuando leemos, aportamos muchas nociones e influencias preconcebidas al texto. Por ello, es preciso que analicemos y evaluemos esas influencias «previas al texto», no sea que nos induzcan a error en nuestra búsqueda del significado del texto.

Comprensión previa

Una influencia fundamental que puede sesgar nuestro proceso de interpretación y apartarnos del verdadero significado del texto es lo que podemos llamar *comprensión previa*. Esto se refiere a todas nuestras nociones y comprensiones preconcebidas que aportamos al texto, que han sido formuladas, de manera tanto conciente como subconsciente, *antes* de que de hecho nos pongamos a estudiar el texto en detalle. El problema de la comprensión previa es el aspecto más amplio que tiene relación con los problemas culturales que se analizarán luego más en detalle. La comprensión previa incluye experiencias y encuentros previos específicos con el texto que tienden a hacernos asumir que ya lo entendemos.

La comprensión previa la conforman influencias tanto buenas como malas, algunas certeras y otras inexactas. Incluye todo lo que hemos escuchado en la escuela dominical, en la iglesia, en estudios bíblicos y en nuestra lectura privada de la Biblia. Sin embargo, también van dando forma a precomprensiones de los textos bíblicos los himnos y otra música cristiana, canciones pop, chistes, arte y literatura no bíblica, tanto cristiana como secular. De igual modo, la cultura no cesa de penetrar con sigilo.

Otro aspecto peligroso de la comprensión previa sale a flote cuando llegamos a un texto con una agenda teológica ya formulada. Es decir, entramos a un texto con un enfoque específico que estamos buscando, y utilizamos el texto solo para tratar de encontrar detalles que encajen en nuestra agenda. Todo lo que no encaja con el significado que estamos buscando nos lo saltamos o no le prestamos atención. Es decir, como lectores nos situamos *por encima* de la Palabra de Dios y determinamos su significado, en lugar de colocarnos *bajo* esa Palabra, buscando con esmero determinar qué quiere decir *Dios* en el texto.

Otro peligro conexo es el de la familiaridad. Si estamos muy familiarizados con un pasaje, tendemos a pensar que sabemos todo lo que hace falta saber acerca del mismo y estamos inclinados a pasarlo por alto sin estudiarlo con cuidado. Esperamos que los lectores se hayan dado cuenta en los capítulos 2 y 3 que la mayor parte de los pasajes son muy profundos y no es probable que los agotemos o que captemos todo lo que hay que entender en unas pocas lecturas del texto. La familiaridad con un pasaje genera precomprensiones. Al releer estos textos familiares, debemos resistir a la tentación de permitir que nuestra familiaridad nos dicte las conclusiones antes de que ni siquiera comencemos a estudiar un texto.

Uno de los aspectos más poderosos, aunque sutiles, de la comprensión previa es el de la cultura. Nuestra teología nos dice que preguntemos, *¿Qué haría Jesús?* Nuestra cultura, sin embargo, puede en forma subconsciente estarnos diciendo que preguntemos, *¿Qué haría Juan García?* Sin duda que nuestra cultura ejerce una enorme influencia en cómo leemos e interpretamos la Biblia. Por ejemplo, si bien creemos que Jesús es nuestro Señor y Salvador, cuando nos dice que presentemos la otra mejilla, una voz en el fondo objeta. Después de todo, presentar la otra mejilla no es la forma de actuar entre nosotros. No es lo que Juan García haría. Quizá podría presentar la otra mejilla una vez y dejar que su adversario lo golpeara una segunda vez solo para demostrar su paciencia y control, pero sin duda que después del segundo golpe le daría una buena paliza al agresor (y nosotros lo aplaudiríamos). ¡Ninguno de nuestros héroes de películas de acción presenta la otra mejilla!

Así pues, cuando leemos esto que Jesús nos dice que hagamos, de inmediato tratamos de interpretarlo en una forma que no entre en conflicto con nuestras normas culturales, en especial las que van estableciendo los héroes de la cultura. A esta predisposición a la que la cultura induce la llamamos *bagaje cultural*. Imaginemos que estamos a punto de iniciar una larga caminata por las montañas en un día caluroso. Llevamos puestas buenas botas para la ocasión y un sombrero. Llevamos también gafas de sol y una cantimplora. ¿Debemos llevar tres o cuatro maletas? ¡Qué ridículo suena! ¿Alguien se imagina caminar por entre montañas con una maleta debajo de cada brazo?

Si no tenemos cuidado, nuestra cultura será de igual modo un peso que cargamos en nuestra Expedición Interpretativa y nos impedirá descubrir el mensaje que Dios nos envía. Nuestra cultura tiende a hacernos distorsionar el texto cuando lo leemos, tergiversándolo para que encaje en nuestro mundo cultural. O, a veces nuestra cultura opera en nosotros de manera subconsciente para llenar todos los vacíos y los detalles que faltan en el pasaje que estamos leyendo.

Una buena ilustración de esta influencia subconsciente de la cultura en nuestra comprensión previa se da cuando leemos el libro de Jonás y luego tratamos de visualizar a Jonás dentro de un pez. Tratemos de imaginar cada uno de nosotros esta escena. ¿Qué vemos? ¿Vemos a Jonás aplastado dentro del limitado estómago de una ballena, sin espacio entre él y las paredes del estómago? La mayor parte de las personas no ven esa imagen. Muchas personas, incluyéndonos a nosotros mismos, ven a Jonás dentro de un estómago de forma circular, de un diámetro de cómo un metro y medio por dos, con un poco de agua en la parte inferior. Es obvio que en realidad así no es el interior de una ballena (o pez).

Así que, ¿por qué vemos esto? ¿De dónde podría provenir esta imagen? Pensamos que viene de la película (o libro) *Pinocho*. En esta película de Walt Disney, una ballena se traga al personaje principal, Pinocho. Luego la película presenta una escena que coloca a Pinocho sentado dentro de la ballena (una habitación en forma de barril acostado, con un diámetro de un metro y medio por dos, etc.) Esta película, pues, nos deja con una imagen subconsciente de una persona sentada dentro de una ballena. Cuando leemos acerca del infortunio digestivo de Jonás, nuestras cabezas comienzan a buscar en nuestros bancos de memoria, para encontrar un cuadro que ayude a visualizar el acontecimiento. En el curso de esta búsqueda por los archivos de la memoria, nuestra mente encuentra algo útil en el archivo de Pinocho, y viene a la mente un cuadro sin estar concientes de donde proviene. En forma subconsciente comenzamos a llenar las lagunas descriptivas en la historia de Jonás ¡con información que proviene de una película de Hollywood! Así pues, nos encontramos bajo influencias en nuestra lectura de la Biblia sin ni siquiera darnos cuenta de lo que ha sucedido. ¡La influencia cultural es enorme!

¿Qué queremos decir por *cultura*? Nuestra cultura es una combinación de herencia familiar y nacional. Aprendemos de nuestra madre, de los muchachos en la cancha de juego en la escuela, de la televisión. Es una combinación de lengua, costumbres, historias, películas, chistes, libros y hábitos nacionales. Para los estadounidenses incluye los Big Macs, las muñecas Barbie, Tiger Woods, y Hollywood, todo entremezclado con George Washington, Babe Ruth, el río Mississippi, Walmart y la nave espacial.

El trasfondo de la familia es un elemento central en el mundo cultural de cada persona. Hemos heredado muchos, muchos valores, ideas e imágenes (para bien y para mal) de nuestra familia. Por ejemplo, ¿qué puntos de vista tenemos acerca del dinero, del trabajo, de los pobres o de los desempleados? Nuestros puntos de vista sin duda que han sido moldeados por el entorno socioeconómico de nuestra familia y por sus perspectivas.

Nuestra familia también nos proporciona un marco de referencia más sólido en cuando a relaciones. Si tuvimos la fortuna de crecer en el seno de una familia amorosa, preocupada, nos será fácil trasponer las imágenes de esta experiencia a las imágenes del cuidado de Dios por nosotros. Si, por ejemplo, tuvimos un padre cariñoso, entonces la imagen bíblica de Dios como Padre amoroso nos resultará fácil comprenderla. En este caso, la influencia cultural del trasfondo de nuestra familia nos ayuda a captar la verdad bíblica acerca de Dios.

Es de lamentar, sin embargo, que no todos hayan tenido un padre amoroso. Quienes han crecido con padres negligentes o incluso abusadores llevan consigo una gran carga a la hora de interpretar los textos bíblicos que describen a Dios como Padre. Esto no quiere decir que estas personas no puedan comprender este aspecto de la verdad bíblica, pero sí significa que tendrán que esforzarse mucho más para superar algunas de las imágenes negativas provenientes de su infancia. Otras imágenes de Dios y de su cuidado pueden resultarles más fáciles. Como todos tratamos de comprender la Palabra de Dios, es importante que reconozcamos e identifiquemos las influencias culturales que actúan en nuestra cabeza y en nuestro corazón.

Reconocemos muy bien que los cristianos de manera intencional no interpretan la Biblia en forma equivocada debido a su cultura. Como ya se mencionó, todos nosotros tendemos a vivir bajo la influencia de nuestra cultura en el subconsciente. Es lo natural, y lo hacemos sin pensarlo.

Esta interpretación subconsciente, sin embargo, afecta nuestra comprensión de la Biblia de dos formas. (1) Tendemos a llenar las lagunas y ambigüedades en los textos bíblicos con explicaciones y experiencias de nuestra cultura. (2) Más perjudicial para nuestra interpretación es el hecho de que nuestros antecedentes culturales preforman un parámetro de posibilidades limitantes para un texto dado, incluso antes de que comencemos a buscar el significado querido. En esta situación, basados en nuestra cultura, creamos en el subconsciente un mundo de posibilidades de interpretación y un mundo de imposibilidades de interpretación. En otras palabras, nuestro marco cultural nos ha inducido a decidir significados posibles e imposibles para el texto incluso antes de estudiarlo.

Examinemos de nuevo el mandato de Jesús de presentar la otra mejilla. Nuestra agenda subconsciente trata de legitimar nuestra visión cultural del mundo, es decir, la forma cómo son las cosas en nuestra cultura. Así pues, antes de ni siquiera comenzar a explorar qué quiso decir Jesús cuando afirmó esto, situamos parámetros de posibilidad alrededor del texto y eliminamos significados posibles que están en conflicto con nuestra cultura. No es posible que signifique que si alguien nos ha golpeado, tenemos que permitir que nos vuelva a golpear. Sin embargo, al hacer esto estamos colocando nuestra cultura por encima de la Biblia y leemos la Biblia a través de lentes de color cultural. De esta forma cae en el olvido uno de los puntos principales de la Biblia, a saber, que el mensaje bíblico viene de Dios y está por encima de la cultura. El desafío es someter a nuestra cultura a una crítica basada en la Biblia y no viceversa.

La comprensión previa, incluyendo la cultura, no es en sí misma mala, pero puede sesgar a menudo nuestra comprensión de la Biblia, conduciéndonos por la senda de una interpretación errónea. No deseamos abandonar nuestra comprensión previa, arrojando al basurero todos nuestros encuentros previos con el texto. Lo que sí queremos hacer es someter nuestra comprensión previa del texto, colocándola bajo el texto y no encima del mismo. Debemos poder identificar nuestra comprensión previa para entonces estar abiertos a cambiarla de acuerdo con un estudio en verdad serio del texto. Es decir, después de haber estudiado el texto en detalle, pasamos luego a evaluar nuestra comprensión previa y a modificarla en lo que haga falta a la luz de nuestro estudio actual.

Presuposiciones bíblicas

Nuestro enfoque en cuanto a la comprensión previa, sin embargo, no sugiere que nuestro objetivo sea leer e interpretar la Biblia en una forma completamente neutral, aparte de ningún punto de vista basado en suposiciones previas, tales como la fe. La objetividad total es imposible en la lectura de cualquier texto. Ni tampoco es nuestro objetivo. Procurar la objetividad en la interpretación bíblica no significa abandonar la fe o tratar de adoptar los métodos de los no creyentes. Tratar de leer la Biblia al margen de la fe no produce objetividad.

Definimos la comprensión previa y las suposiciones previas bíblicas como dos entidades distintas que manejamos en dos formas muy diferentes. Debemos permitir que nuestra comprensión previa cambie cada vez que estudiamos un pasaje. La sometemos al texto y luego interactuamos con el mismo, la evaluamos a la luz de nuestro estudio y, esperaríamos, la mejoramos cada vez. Las suposiciones bíblicas previas, por el contrario, no cambian con cada lectura. No están relacionadas con pasajes concretos sino con nuestra visión general de la Biblia.

Como cristianos, servimos al Señor vivo y tenemos al Espíritu Santo que mora dentro de nosotros. La relación que tenemos con Dios es un aspecto fundamental de la comunicación que tenemos con él por medio de la lectura de su Palabra. Esta relación influye en gran manera en nosotros cuando interpretamos, y no es algo que queremos renegociar cada vez que leemos un texto, como lo hacemos con aspectos de la comprensión previa. Antes bien, es algo que queremos utilizar. Es importante notar que como cristianos evangélicos tenemos varias *suposiciones previas* acerca de la Biblia misma que provienen de nuestra relación con Cristo que no dejaremos de lado cuando enfrentamos un pasaje. Por ejemplo:

1. La Biblia es la Palabra de Dios, Aunque Dios utilizó a personas para producirla, está no obstante inspirada por el Espíritu Santo y es la Palabra de Dios para nosotros.
2. La Biblia es confiable y verdadera.
3. Dios ha ingresado en la historia humana; por tanto, sí ocurren cosas sobrenaturales (milagros, etc.).
4. La Biblia no es contradictoria; está unificada, aunque es diversa. No obstante, Dios es mayor que nosotros, y no siempre resulta fácil de comprender. Por ello, la Biblia también contiene tensiones y misterios.

Podríamos quizá agregar otras suposiciones previas, pero estas son las fundamentales y deben mencionarse en este capítulo. Estas suposiciones previas tienen que ver con cómo vemos la Biblia toda y sirven como fundamentos sobre los cuales edificar nuestro método de estudio.

Conclusión — ¿Podemos ser objetivos?

Muchos escritores han señalado que es imposible la objetividad total en la interpretación, y lo reconocemos. Sin embargo, nuestro objetivo no es la objetividad total. Como cristianos con una relación íntima con Dios por medio de Jesucristo, no buscamos un punto de vista neutral, objetivo. Al estudiar el texto, no tratamos de ser historiadores seculares (tampoco ellos son objetivos). Buscamos oír lo que Dios tiene que decirnos. Así pues, nos acercamos al texto a través de la fe y en el Espíritu. Buscamos, pues, objetividad dentro del marco de referencia de las suposiciones previas evangélicas como las que hemos mencionado antes. Esta clase de objetividad tiene que ver con impedir que *nuestras* comprensiones previas, *nuestra* cultura, *nuestra* familiaridad o *nuestra* pereza enturbien el significado que Dios ha querido que captemos en el texto.

Esta tarea puede ser desafiante; sin embargo, es a esta tarea a la que se dedica *Expedición a través de la Palabra de Dios*. Cada uno de los capítulos de este libro trata de algún aspecto de la corrección de nuestra comprensión previa o de neutralizar las influencias culturales negativas en nuestra comprensión. Los instrumentos de observación que se describieron en los capítulos 2 y 3 nos ayudarán a ser objetivos. El método de leer con seriedad que se explicó en dichos capítulos requiere que sometamos nuestra comprensión previa al texto mientras lo escudriñamos en busca de detalles. Con solo descubrir los detalles del texto a menudo se pueden corregir muchas de nuestras comprensiones previas y malas interpretaciones culturales.

Este capítulo se ha limitado a definir los problemas que, como lectores, aportamos al texto —la carga cultural y las comprensiones previas que debemos enfrentar como aspectos importantes antes del texto. La solución a este problema radica en la Expedición de Interpretación. Esperamos que el lector encuentre que el recorrido haya valido la pena. Nosotros sin duda pensamos que vale todo el trabajo y el esfuerzo serios que se deben aplicar en el recorrido por los capítulos siguientes!

Preguntas para analizar

1. ¿Cuál es la diferencia entre comprensión previa y suposiciones previas tal como se definieron en este capítulo?
2. ¿Cómo piensa que su comprensión previa influye en la forma en que lee la Biblia?
3. ¿Cómo debemos afrontar nuestra comprensión previa en nuestro intento de ir logrando una interpretación responsable?

Tarea escrita

Describir el trasfondo familiar en cuanto a influencias culturales. Analizar también lo mejor que pueda a su madre (y su familia) y su padre (y su familia). Incluir algunas otras familias que también pueden haberlo influido. Para cada caso, analice actitudes y puntos de vista en cuanto a la religión, la familia, el trabajo, la educación y el dinero. Describir la ubicación socioeconómica de su familia y su contexto religioso. También, ¿cómo tienden a relacionarse entre sí los miembros de su familia? ¿Tiende su familia a ser cálida y expresiva o fría y distante? Por último, trate de relacionar el trasfondo de su familia con su propio conjunto de valores y perspectivas. ¿Qué ha conservado? ¿Qué ha descartado?

Descubrir el contexto histórico-cultural

*C*reemos que la forma que utilizamos para acercarnos a la Biblia (es decir, la forma en que escuchamos a Dios) debe estar de acuerdo con cómo nos entregó Dios la Biblia (es decir, la forma en que Dios escogió para hablarnos). De no ser así, es probable que entendamos mal lo que Dios está tratando de decirnos. Como Dios transmitió su mensaje en situaciones históricas específicas (es decir, a personas que vivían en lugares concretos, que hablaban lenguas concretas y que vivían en una forma de vida concreta), debemos tomar muy en serio la situación de ese tiempo.

El punto básico es que no podemos sencillamente dejar de lado «a esas personas que vivieron en ese entonces» para pasar de inmediato a lo que Dios quiere decirnos. ¿Por qué no? De nuevo, porque la manera en que escuchamos a Dios (nuestro enfoque interpretativo) debe respetar la forma que Dios escogió para comunicarse. No debemos tener la arrogancia y el orgullo de pensar que a Dios no le importó para nada el público original sino que lo utilizó como un simple medio para hacernos llegar su mensaje.

Lo cierto es que a Dios le preocupaban mucho los oyentes originales y que les habló dentro de su propia situación histórico-cultural. A Dios también le preocupamos mucho nosotros y quiere hablarnos. El mensaje enmarcado en el tiempo de la Escritura contiene principios de relevancia eterna que podemos descubrir y aplicar a nuestras propias vidas. Recordemos que la Expedición Interpretativa nos conduce desde el significado del texto para la audiencia bíblica a través del río de diferencias (p. ej., tiempo, lugar, cultura, situación) por medio del puente de principios hacia la aplicación de esos principios teológicos en nuestras vidas.

Así pues, debemos conocer el contexto original histórico-cultural porque nos ofrece una apertura hacia lo que Dios le decía la audiencia bíblica. Como nuestro contexto es diferente, primero nos corresponde captar el significado del texto en su contexto original. Luego podemos aplicarlo a nuestras vidas en formas que tendrán la misma relevancia. La Palabra de Dios tiene relevancia eterna. La tarea del estudiante de la palabra es descubrir dicha relevancia con el trabajo contextual.

Esto nos conduce a un principio crucial de interpretación: para que nuestra interpretación de cualquier texto bíblico sea válida, debe ser coherente con el contexto histórico-cultural del texto[2]. Si nuestra interpretación no hubiera tenido ningún sentido en ese entonces, lo más probable es que nos encontremos en la senda equivocada. Primero tenemos que determinar qué significa y cómo debemos aplicar dicho significado a nuestro propio tiempo y cultura. Nuestra *meta* es, pues, entender el contexto histórico-cultural del pasaje bíblico con la mayor claridad posible con el fin de captar el significado del pasaje. En este capítulo aprenderemos acerca del contexto histórico-cultural (al que se le suele llamar «trasfondo»). En el capítulo siguiente descubriremos más acerca del contexto literario.

Qué es el contexto histórico-cultural

Con *contexto histórico-cultural* nos referimos a información acerca del autor bíblico, de la audiencia bíblica y cualquier elemento más al que aluda el pasaje. El contexto histórico-cultural se refiere a prácticamente todo fuera del texto que ayuda a entender el texto mismo (p.ej., cómo era la vida para los israelitas cuando atravesaron el diserto, qué creían los fariseos acerca del Sabat, dónde estaba Pablo cuando escribió Filipenses). El contexto literario, por el contrario, se refiere al contexto dentro del libro (p.ej., que forma tiene el pasaje, cómo se desarrolla el tema dentro del libro, y el significado de las palabras y frases que conforman el pasaje que estamos estudiando). Veamos de manera concisa cada aspecto del contexto histórico-cultural y mencionemos algunos recursos que se pueden utilizar para descubrir el contexto.

El autor bíblico

Como Dios escogió trabajar por medio de autores humanos como la fuente inmediata de su Palabra inspirada, cuanto más sepamos acerca del autor humano mejor. Tratemos de averiguar todo lo que podamos acerca de los antecedentes del autor. Tratemos de determinar cuándo escribió y qué clase de labor ministerial desempeñaba (p.ej., el ministerio de Oseas estuvo relacionado con su matrimonio con su tristemente célebre esposa, Gomer). También querremos entender mejor la relación concreta entre el autor y las personas a quienes se dirigía (.e. el tono severo de Pablo en su carta a los gálatas, pero su alabanza de los tesalonicenses).

Quizá el punto más importante que hay que saber acerca del autor bíblico es por qué escribió. ¿Por qué el autor de 1 y 2 Crónicas, por ejemplo, repitió gran parte de Samuel y Reyes? La respuesta se encuentra en el propósito del autor. El cronista (quizás Esdras) está escribiendo para Israel *después* del exilio (o sea, para la comunidad restaurada). Está tratando de mostrar que Dios sigue muy interesado por su pueblo después de haberlos juzgado con el exilio. Por ejemplo, el Cronista parece idealizar a David y a Salomón cuando deja de lado cualquier cosa que hubiera podido manchar su imagen (p.ej., el pecado de David con Betsabé) En esta forma el autor tranquiliza a su audiencia de que, aunque Dios había juzgado a su pueblo, sigue amándolo y quiere utilizarlo para lograr sus propósitos. Así pues, en el caso del autor bíblico, debemos tratar de determinar su trasfondo, el momento en que escribe, la clase de ministerio que está tratando de cumplir, su relación con las personas a las que se dirige, y por qué está escribiendo.

La audiencia bíblica

Descubrir el contexto histórico-cultural también implica saber algo acerca de la audiencia bíblica y de sus circunstancias. Tomemos el evangelio de Marcos como ejemplo. Marcos se preocupa en todo su evangelio por enfatizar la cruz de Cristo y las exigencias del discipulado. Muchos estudiosos creen que la audiencia original de Marcos era la iglesia en las cercanías de Roma y que Marcos los estaba preparando para la persecución que pronto enfrentarían de manos del emperador Nerón hacia mediados de la década de los 60 d.C. Para animar a estos creyentes a que permanecieran fieles en medio del sufrimiento, Marcos pone de relieve cómo Jesús permaneció fiel durante sus momentos de sufrimiento.

Otros elementos histórico-culturales

Como se mencionó antes, el contexto histórico-cultural incluye al autor bíblico y a la audiencia bíblica, y además posibles elementos histórico-culturales que están presentes en un pasaje dado. A veces, resulta difícil saber mucho acerca del autor bíblico y de su público o de sus circunstancias concretas. A menudo habrá que centrarse más en los elementos históricos, sociales, religiosos, políticos y económicos que enmarcan el pasaje. Estos son algunos ejemplos de cómo entender estos elementos puede arrojar luz al significado del pasaje.

A veces saber más acerca de la geografía o topografía que el texto implica puede ayudar a captar su significado. Jesús comienza su parábola del buen samaritano con la afirmación: «Bajaba un hombre de Jerusalén a Jericó» (Lc 10:30). Sin duda que tenía que descender desde Jerusalén hasta Jericó, desde unos 825 metros sobre el nivel del mar a unos 30 metros bajo el nivel del mar. Además, el desplazamiento no sería un simple paseo por el parque. La distancia era de casi 35 kilómetros y había que atravesar territorio desértico accidentado que permitía a los ladrones esconderse. Conocer la geografía ayuda a entender lo fácil que hubiera sido pasar de largo al moribundo y los problemas que podrían darse si alguien se comportaba con él como un buen prójimo.

Una de las áreas más productivas para estudiar el trasfondo tiene que ver con las costumbres sociales. Si uno estudia Efesios 5:21-6:9, por ejemplo, hay que saber algo acerca de los códigos familiares greco-romanos para que el pasaje tenga sentido. Estas normas se fueron desarrollando sobre todo para instruir al cabeza de familia acerca de cómo tratar a los miembros de la misma. El apóstol Pablo utiliza el concepto de norma familiar, pero lo transforma con mucha fuerza.

Por ejemplo, las normas greco-romanas instaban a los maridos a que sometieran a sus esposas, pero nunca mencionaron el amor como uno de los deberes del marido. En Efesios 5:25 Pablo rompe el molde cuando instruye a los maridos a que «amen a sus esposas, así como Cristo amó a la iglesia y se entregó por ella». La exhortación de Pablo a todos los miembros de la familia a «sométanse unos a otros, por reverencia a Cristo» (Efesios 5:21) habría parecido todavía más radical.

A veces el pasaje que se estudia tocará aspectos económicos. En su segundo viaje misionero (Hch 15:39-18:22), Pablo planta una iglesia en Filipos. Ahí Pablo y Silas se encuentran con una joven esclava a la que posee un espíritu que le permite predecir el futuro. Sigue afectando al equipo misionero hasta que Pablo por fin le ordena al espíritu que salga de la joven. Los enfurecidos amos de la esclava conducen a Pablo y a Silas hasta la plaza del mercado, donde los magistrados dan la orden que los denuden, los azoten y luego los encarcelen por causar disturbios. Todo esto sucede porque la esclava poseída por el demonio había estado ganando mucho dinero para sus amos. Cuando el espíritu salió de la joven, dejó de ingresar dinero al bolsillo de los amos, y se vengaron de ello con los misioneros.

También hay que prestar atención a aspectos políticos que pueden aflorar en un pasaje dado. En el episodio de Hechos 16 veamos qué les sucede a Pablo y a Silas. Después de pasar un tiempo en prisión (donde Dios hizo cosas admirables), los magistrados dieron instrucciones para que los misioneros pudieran salir de la ciudad (Hch 16:36-40). Como era ilegal azotar en público y encarcelar a un ciudadano romano, sobre todo si no se lo había juzgado, los funcionarios romanos se excusaron de inmediato por lo que habían hecho. Es probable que Pablo y Silas pidieran que los escoltaran hasta salir de la ciudad con el fin de que se viera de manera pública su inocencia por el bien de la iglesia en Filipos.

El contexto histórico-cultural incluye información acerca del autor y de la audiencia —su trasfondo, circunstancias y relación— así como elementos geográficos, sociales, religiosos, económicos y políticas relacionados con el pasaje. Algunas personas están convencidas de que estudiar el trasfondo es una forma aburrida de conseguir que la Biblia sea menos relevante. Pero hemos descubierto que ocurre más bien lo contrario. Cuando tomamos tiempo para entender el contexto, el pasaje toma vida y adquiere mucha relevancia (a veces más de lo que podemos asimilar). Podemos ver que Dios estaba hablando a personas reales que se enfrentaban a luchas de la vida real y que sigue hablándonos.

Antes de citar diversos recursos que podemos utilizar para estudiar el contexto histórico-cultural, queremos mencionar algunos de los peligros asociados con el estudio de esta clase de materiales.

Peligros asociados con el estudio del trasfondo

Aunque el peligro mayor es no tomar en cuenta el contexto histórico-cultural, también hay peligros relacionados con su estudio. Para comenzar, hay que *estar alerta ante posible información inexacta sobre el trasfondo*. Por ejemplo, quienes dicen que «el ojo de una aguja» en Mateo 19:23-24 se refiere a la «puerta del camello» en Jerusalén es probable que anden equivocados. No hay ninguna prueba de que esta clase de puerta y el «ojo de la aguja» significaron en esencia lo que significan hoy (es decir, el ojo de una aguja de coser). Jesús está utilizando el animal más grande en Palestina y una de las aperturas más pequeñas para enfatizar cuán difícil es que el rico y poderoso entre en el reino de Dios.

Un segundo peligro relacionado con el estudio del contexto histórico-cultural es colocar el trasfondo del texto por encima del significado del texto. Al estudiar la parábola del fariseo y del recaudador de impuestos en Lucas 18:9-14, por ejemplo, se puede caer en la tentación de dedicar la mayor parte del tiempo a saber más acerca de los fariseos y de los recaudadores de impuestos. Sin duda hay que saber algo acerca de estos dos grupos de personas y de su papel y reputación en el tiempo de Jesús. Pero no se puede dejar que la fascinación que se puede sentir por información acerca del trasfondo haga que se pierda de vista el punto —Dios juzga a los orgullosos y exalta a los humildes.

Por último, hay que tener cautela de no permitir que uno se convierta poco a poco en nada más que una base de datos ambulante acerca de hechos antiguos. No hay que perder el corazón de intérprete por andar buscando información que profundice la comprensión del texto. Hay que mantener en su debida perspectiva el estudio del trasfondo de la Biblia. Estudiamos el contexto histórico-cultural no como un fin en si mismo, sino como una instrumento que nos ayude a captar y aplicar el significado del texto bíblico.

El contexto histórico-cultural de todo el libro

Para identificar el contexto histórico-cultural se necesita (1) comprender el contexto histórico-cultural del *libro* en el que se encuentra el pasaje que se estudia y (2) reconocer el contexto histórico-cultural del *pasaje* mismo.

Con el fin de comprender el contexto histórico-cultural del libro entero, sugerimos que se consulten manuales bíblicos, introducciones a la Biblia y estudios del Antiguo y del Nuevo Testamentos, y sobre todo buenos comentarios.

Manuales bíblicos

Estos recursos suelen comenzar con artículos generales acerca de la Biblia y del mundo de la Biblia (p.ej., la naturaleza de la Escritura, la vida en los tiempos bíblicos). Suelen incluir una breve introducción a cada uno de los libros de la Biblia y un comentario breve y seguido sobre el texto bíblico entero. Nos parecen útiles los manuales siguientes:

Halley, Henry H., *Manual Bíblico de Halley*, Editorial Vida, Miami.
Unger, Merrill F., *Manual Bíblico de Unger*, Editorial Portavoz, Grand Rapids, MI.

Introducciones y estudios del Antiguo y Nuevo Testamentos

Estos recursos proporcionan información detallada del trasfondo de cada libro así como una síntesis del contenido del libro. Suelen analizar la autoría, fecha, destinatarios, situación, propósito y más. En general, las introducciones ofrecen análisis más técnicos de los aspectos del trasfondo y dedican menos tiempo al contenido mismo de los libros, en tanto que los estudios se ocupan de aspectos del trasfondo y se centran más en el contenido. Estas clases de libros suelen entrar más en detalles que los manuales bíblicos, por lo que tienen demasiada información como para que en un solo volumen puedan incluirse el Antiguo y el Nuevo Testamentos. Estos son algunos de los mejores:

Benware, Paul, *Panorama del Nuevo Testamento*. Editorial Portavoz, Grand Rapids, MI.

Boyd, Frank M., *La Biblia a su alcance,* Editorial Vida, Miami, FL.

Elwell. Walter A., *Al encuentro del Nuevo Testamento, Editorial Caribe, Nashville, TN.*

LaSor, William S., David Alan Hubbard, y Frederic W. Bush. *Panorama del Antiguo Testamento*. En línea en Quedelibros.com.

McGrath, Alice, *Acompañante Bíblico,* Editorial Vida, Miami, FL.

Pearlman, Myer, *A través de la Biblia*. Editorial Vida, Miami, FL.

Walton, Stauss and Cooper, *El compañero bíblico,* Editorial Vida, Miami, FL.

Comentarios

En la mayor parte de los casos un buen comentario será la mejor apuesta para conseguir información detallada y actual acerca del contexto histórico-cultural de libro en el que se encuentra el pasaje en estudio. Como los comentarios siempre se escriben desde un cierto punto de vista y como difieren en cuanto a calidad y amplitud, siempre es una buena idea consultar más de uno. Recomendamos que consulten un comentario en una de las siguientes series al comenzar el estudio. Sin duda que hay otros excelentes comentarios (y algunos no forman parte de una serie), pero este es un buen lugar donde empezar.

Boyd, Frank M., *La Biblia a su alcance,* 2 tomos. Editorial Vida, Miami, FL.

Comentario Bíblico Conciso Holman, LifeWay, Nashville, TN.

Comentario Bíblico Mundo Hispano, 24 tomos, Editorial Mundo Hispano, El Paso, TX.

Henry, Matthew, *Comentario Bíblico Matthew Henry*: Obra completa sin abreviar: 13 Tomos en 1, Editorial CLIE, Terrassa, España.

Jamieson-Fausett Brown, *Comentario Exegetico y Explicativo de La Biblia,* Moody Press, Chicago, IL.

McGrath, Alice, *Acompañante Bíblico,* Editorial Vida, Miami, FL.

Pearlman, Myer, *A través de la Biblia.* Editorial Vida, Miami, FL.

El contexto histórico-cultural del pasaje

Después de conseguir una buena perspectiva del trasfondo del libro en el que se encuentra el pasaje en estudio, es preciso identificar el contexto histórico-cultural del pasaje mismo. Esto conlleva examinar los posibles elementos de historia y de cultura que tienen relación con el pasaje o que se mencionan en el mismo (p.ej., geografía, política, religión, economía, vida familiar, costumbres sociales). Para lograrlo, recomendamos utilizar atlas bíblicos, diccionarios o enciclopedias bíblicas, comentarios, comentarios sobre trasfondo, historias del Antiguo y Nuevo Testamento, y estudios especiales sobre la vida y cultura antiguas.

Atlas bíblicos

Si uno quiere saber más acerca de las personas, lugares y acontecimientos mencionados en el pasaje en estudio, se puede consultar un atlas bíblico. En él se encuentran mapas a color del territorio, fotografías de muchos de los lugares importantes, gráficos útiles de líderes políticos y religiosos, análisis los diversos períodos de la historia bíblica, y más. Esta es una lista de atlas útiles:

Beitzel, Barry J. *The Moody Atlas of the Bible Lands.* Chicago: Moody, 1985.

Brisco, Thomas C. *Holman Bible Atlas.* Nashville: Broadman & Holman.

Lawrence, Paul, ed. *The IVP Atlas of Bible History.* Downers Grove, IL: InterVarsity, 2006.

Rasmussen, Carl G. *Zondervan NIV Atlas of the Bible*. Zondervan, Grand Rapids, MI, 1989.

Diccionarios y Enciclopedias bíblicos

Ahí hay que acudir cuando se necesita información acerca de un tema concreto mencionado en el pasaje en estudio. Por ejemplo, si se quiere saber más acerca del huerto de Getsemaní, se consulta un diccionario o enciclopedia bíblicos. Estos recursos abarcan toda una gama de temas bíblicos y están organizados en orden alfabético. Lo único que hay que hacer es ir a «Getsemaní» y leer. Estos son algunos de los diccionarios y enciclopedias bíblicos más útiles para principiantes:

Diccionario Bíblico Holman, LifeWay, Nashville, TN

Nuevo Diccionario de la Biblia, Editorial Unilit, Miami, Fl.

Vila y Escuain, *Nuevo Diccionario Bíblico Ilustrado,* CLIE, Terrassa, España

Nelson, Wilton M., Juan Rojas Mayo, *Nuevo Diccionario Ilustrado de la Biblia*, Grupo Nelson, Nashville, TN.

Nuevo Diccionario Bíblico Certeza, Editorial Certeza, Buenos Aires, Argentina

Comentarios y Comentarios sobre el Trasfondo

Mencionamos de nuevo comentarios porque los buenos también ayudan a arrojar luz sobre aspectos del trasfondo dentro del pasaje en estudio. ¿Recordamos las duras palabras de Pablo dirigidas a los cristianos de Corinto en cuanto a la forma cómo celebraban la Cena del Señor (1 Co 11:17-22)? Un buen comentario hará lo que Craig Bloomberg hace en su comentario a 1 Corintios: aclarar el significado del pasaje con la ayuda de un resumen de su contexto histórico-cultural.

La minoría de cristianos acomodados (1:26), incluyendo los que más aportaban y los propietarios de casas en las que se reunían los creyentes, habrían dispuesto del tiempo y de los recursos para llegar más temprano y llevar consigo mayores cantidades de alimentos más escogidos que el resto de la congregación. De acuerdo con la práctica de ser anfitriones de reuniones festivas en la antigua Corinto, a no tardar habrían ocupado todos los puestos en el pequeño comedor. Quienes llegaban tarde (la mayoría, que es probable que hubieran tenido que acabar algún trabajo antes de llegar la noche del sábado o del domingo —todavía no se había establecido por ley un día festivo en el imperio romano) se tendrían que sentar aparte en un atrio o patio contiguo. Quienes no podían traer consigo una comida completa, o una comida muy buena, no tenían la posibilidad de compartir con el resto en la forma que lo requería la unidad cristiana…

La consecuencia de la falta de consideración por parte de los ricos hacia los menos acomodados implica que no están celebrando para nada la Cena del *Señor*, tan solo «su *propia* cena»[3].

Una clase bastante nueva de comentario recibe el nombre de comentario de trasfondo. Estos recursos se centran no en el significado de cada pasaje sino en el trasfondo histórico cultural necesario para captar el significado. Estos comentarios son útiles porque brindan una gran abundancia de información estructurada de manera apropiada en un formato de versículo a versículo. Al estudiar la enseñanza de Jesús acerca de la no resistencia en Mateo 5, se encuentra uno con la declaración: «Si alguien te pone pleito para quitarte la capa, déjale también la camisa» (v. 40). El comentario de trasfondo de Keener ofrece el siguiente pensamiento en cuanto al contexto del pasaje:

Las personas más pobres del Imperio (p.ej., la mayor parte de los campesinos en Egipto) solo disponían de una pieza de ropa interior y otra exterior, y robar la túnica permitía recurrir a la justicia. Aunque las condiciones en la Palestina del siglo I no eran tan malas, este versículo podría indicar despojo de todos lo bienes de alguien, incluso (a modo de hipérbole) de la misma ropa, para evitar una disputa legal que afectaba solo a uno mismo. Jesús da este consejo a pesar del hecho de que, bajo la ley judía, el argumento legal para recuperar el manto siempre habría prevalecido; un acreedor no podía quitar el manto a una persona pobre, que podía servirle como la única cobija por la noche además de servir de capa (Éx 22:26-27)[4].

No se puede ponderar lo suficiente el valor de los siguientes comentarios de trasfondo:

Arnold, Clint. *Zondervan Illustrated Bible Background Commentary*. 4 vols. Zondervan, Grand Rapids, MI, 2002.

Keener, Craig S. *Comentario del contexto cultural de la Biblia: Nuevo Testamento*. Editorial Mundo Hispano, El Paso, TX.

Kemp de Money, Netta, *La geografía histórica del mundo bíblico,* Editorial Vida, Miami, FL.

Walton, John, Victor H. Matthews y Mark W. Chavalas. *Comentario del Contexto Cultural de la Biblia - Antiguo Testamento*, Editorial Mundo Hispano, El Paso, TX.

Programas de computación y Recursos en Internet

Se pueden encontrar algunos de los recursos mencionados en formato electrónico. Es recomendable aprovechar al máximo los programas de computación que incluyen los mejores recursos. Con frecuencia, la comodidad y el precio no pueden ser mejores. Pero hay que recordar que lo que se busca son las mejores herramientas, no solo las menos caras. Se puede utilizar la bibliografía sobre recursos en todo este capítulo para evaluar los diversos programas de computación.

En cuanto a recursos por Internet, hay que tener más cuidado. Se trata de un entorno que va cambiando con rapidez y que no ha solido representar lo mejor de la erudición bíblica. Aunque Internet sin duda es muy práctico, no siempre se sabe si la información que se consigue es confiable. Recomendamos limitarse a artículos de autores respetados.

Conclusión

En este capítulo hemos llegado a conocer la importancia del contexto histórico-cultural en el proceso de interpretar y aplicar la Biblia. No podemos insistir demasiado en la importancia del contexto para entender la Escritura lo mejor posible. Recordemos que estudiamos el trasfondo histórico-cultural de la Biblia porque Dios decidió hablar primero a pueblos antiguos que vivían en culturas que son radicalmente diferentes de las nuestras. Al revivir el contexto original de la Palabra de Dios, estaremos en condiciones de captar su significado y aplicarlo a nuestras vidas.

Aunque algunos han considerado que los estudios del trasfondo son «aburridos» e «irrelevantes», defendemos lo contrario —que conocer el trasfondo de un pasaje puede aclarar su significado y profundizar nuestra comprensión de su importancia. Creemos que estudiar el contexto histórico-cultural de un pasaje es una de las cosas más prácticas que podemos hacer cuando se trata de estudiar la Biblia.

Preguntas para analizar

1. ¿Qué puede suceder cuando las personas se acercan a la Biblia sin ningún interés por el contexto histórico-cultural? ¿Podría compartir algunos ejemplos de su propia experiencia?
2. ¿Puede pensar en un ejemplo del contexto histórico-cultural que arroja una luz importante al significado de un texto bíblico?
3. Para quienes viven en una sociedad como la nuestra que busca «aplicaciones inmediatas», ¿qué puede persuadirlos de que dediquen esfuerzos a estudiar el contexto histórico-cultural?

Tarea escrita

Leer la conversación entre Jesús y la mujer samaritana que se relata en Juan 4:1-39. Luego leer el artículo sobre «Samaria» o «Samaritana» en un diccionario o enciclopedia bíblicos y hacer una lista de todas las formas en que la información ayuda a entender mejor la conversación entre Jesús y la mujer.

Cómo descubrir el contexto literario

*I*maginemos que uno es estudiante universitario que se dirige a clase un día cuando una persona complemente extraña se me acerca para decirme «¡Inténtalo!», ¿Cómo responderíamos? Diríamos, «Claro» y nos alejaríamos pensando que esa persona era algo anormal? ¿O nos tomaríamos el mensaje con toda la seriedad religiosa y concluir que Dios nos estaba hablando por medio de esa persona, en respuesta a nuestras oraciones acerca de nuestra decisión respecto a una especialidad, a una nueva relación o a si tomar o no un trabajo en las vacaciones de verano?

Para descubrir el significado de «inténtalo» la mayoría de nosotros es probable que recurriéramos primero a hacer algunas preguntas. «¿Qué quiere decir?». «¿Intentar qué?». Haríamos preguntas como parte de nuestra búsqueda de un contexto que nos permitiera encontrar el significado de esa sencilla palabra. Sin un contexto, «inténtalo» puede significar muchas cosas distintas. Sin un contexto, las palabras no tienen sentido.

Cuando se trata de interpretar y aplicar la Biblia, el contexto es crucial. De hecho, nos atreveríamos a decir que el principio más importante de la interpretación bíblica es que *el contexto determina el significado*. Cuando no prestamos atención al contexto, podemos torcer las Escrituras para «probar» cualquier cosa que se nos ocurra. Pensemos en el ejemplo del joven que buscaba que la Palabra de Dios le indicara si tenía que pedirle a su novia que se casara con él. En su búsqueda en la Biblia, encuentra un par de versículos que le dan la respuesta a lo que desea tantísimo, incluso con una indicación del tiempo.

1 Corintios 7:36c: «Que se casen».
Juan 13:27: «Lo que vas a hacer, hazlo pronto».

El joven encuentra en el primer versículo una orden directa de casarse y en el segundo una fecha: ¡cásate ahora! ¡Dios ha hablado!

¿Qué hace que no tomemos en serio este ejemplo tan ridículo? *¡El contexto!* Al parecer el joven no se tomó la molestia de leer todo el contexto de 1 Corintios 7:36c, donde el apóstol aconseja a hombres comprometidos a la luz de las circunstancias difíciles en Corinto (nótense las palabras en bastardilla hemos agregado):

> Si alguno piensa que no está tratando a su prometida como es debido, y ha llegado ya a su madurez, por lo cual se siente obligado a casarse, que lo haga. Con eso no peca; *que se casen*. Pero el que se mantiene firme en su propósito, y no está dominado por sus impulsos sino que domina su propia voluntad, y ha resuelto no casarse con su prometida, también hace bien. *De modo que el que se casa con su prometida hace bien, pero el que no se casa hace mejor* (1 Corintios 7:36-38).

A la luz de la situación, Pablo de hecho dice que es mejor no casarse. En el segundo versículo (Juan 13:27), la frase, «lo que vas a hacer» se refiere a que Judas va a traicionar a Jesús, y no tiene nada que ver con casarse. A la luz del contexto, vemos que estos dos versículos no le proporcionan al joven ninguna base bíblica para proponer matrimonio.

No todos los ejemplos son tan ridículos, claro está, pero cualquier violación del contexto es grave. Al respetar el contexto de la Biblia, estamos diciendo que preferimos oír lo que Dios tenga que decirnos y no poner palabras en su boca. ¡El contexto determina el significado!

Además de saber más acerca del contexto histórico-cultural, también necesitamos conocer el contexto literario. *Contexto literario* se refiere a la forma concreta que asume un pasaje (el *género literario*) y a las palabras, frases y párrafos que rodean el pasaje que estamos estudiando (el *contexto circundante*).

Qué es género literario

En cada pasaje de la Biblia, debemos ante todo fijarnos en la forma que asume antes de examinar su contenido. La palabra *género* es de origen francés y significa «forma» o «clase». Cuando se aplica a la interpretación bíblica, la expresión *género literario* sencillamente se refiere a las diferentes *clases* de literatura que se encuentran en la Biblia. En el Antiguo Testamento encontramos relatos, leyes, poesía, profecía y sabiduría. Las formas que adopta el Nuevo Testamento incluyen evangelio, historia, carta y literatura profético-apocalíptica. Tanto el Antiguo como el Nuevo Testamentos contienen una serie de subgéneros (p.ej., parábolas, enigmas, discursos).

Muchos lingüistas utilizan la analogía de un juego para describir el género literario. Se puede pensar que cada género es como una clase diferente de juego con sus propias reglas. Esta perspicaz analogía muestra cómo nosotros, como lectores, tenemos que jugar según las reglas cuando se trata de identificar el género literario.

Pensemos por un momento en un aficionado del fútbol balompié que asiste a sus primeros partidos de fútbol (estadounidenses) y de baloncesto. En el fútbol americano, los jugadores de ataque y de defensa pueden utilizar las manos para empujar a sus oponentes. En el baloncesto y el fútbol europeo no pueden. En baloncesto, los jugadores no pueden chutar el balón, pero si lo pueden sujetar con sus manos. En el fútbol europeo es lo contrario. En el fútbol americano todos pueden retener el balón con las manos pero solo una persona lo puede chutar. En el fútbol europeo todos pueden chutar el balón pero solo una persona lo puede retener con las manos. A no ser que entendamos las reglas que se aplican a cada juego, resultará muy confuso lo que está sucediendo.

De igual modo, hay diferentes «reglas» del juego en el caso de la interpretación de diferentes clases de literatura bíblica. El autor ha «jugado su juego», es decir, ha tratado de transmitir su significado, de acuerdo con las reglas que se aplican a la forma literaria concreta que ha utilizado. A no ser que nosotros conozcamos las reglas, es casi seguro que interpretaremos mal el significado[5].

Para que haya comunicación, el lector debe estar en la misma página que el autor en cuanto a género. Cuando la persona extraña dijo «inténtalo» podríamos haber respondido con preguntas para aclarar el significado. Pero ¿cómo podemos aclarar el significado de los autores antiguos cuando ya no están ahí para responder a nuestras preguntas? La respuesta es el género literario. Aunque el autor y el lector no pueden conversar cara a cara, se encuentran en el texto donde pueden comunicarse porque aceptan un conjunto común de reglas, las reglas del género específico.

De esta forma, el género literario actúa como una especie de *pacto de comunicación*, un acuerdo establecido entre el autor y el lector acerca de cómo comunicarse[6]. Para que podamos «cumplir con el pacto» debemos permitir que el género que el autor ha escogido determine las normas que utilizaremos para entender sus palabras. Descartar el género literario en la Biblia es violar nuestro pacto con el autor bíblico y con el Espíritu Santo que inspiró su mensaje.

Si nos detenemos a pensar en esto, constatamos que en el curso de la vida ordinaria estamos encontrando sin cesar diferentes géneros. En un solo día podríamos leer un periódico, buscar un número en el directorio telefónico, ordenar a partir de un menú, reflexionar acerca de un poema, disfrutar de una carta de amor, leer un mapa que me muestra cómo llegar a la casa de un amigo, o meditar en un libro devocional. Cuando nos encontramos con estos géneros diferentes, sabemos (de manera conciente o no) que hay que utilizar diferentes reglas de comunicación, las reglas que el género mismo ha estipulado. Si no aplicamos sus reglas, corremos el riesgo de interpretar mal.

Corremos riesgos muy peligrosos si confundimos un directorio telefónico con una carta de amor o cometemos el error de tomar un menú por instrucciones para ir a la casa de un amigo. Es obvio que no leemos menús de la misma forma que leemos cartas de amor o periódicos de la misma forma que leemos libros religiosos. Sabemos esto porque el juego de géneros determina las reglas de interpretación. Así como la clase de juego determina las reglas según las cuales jugamos, así también sabemos que cada género literario en la Biblia viene con su propio conjunto de reglas incorporadas de interpretación. Cuando los lectores prestan atención a estas reglas, tienen una probabilidad mucho mayor de leer el pasaje tal como fue concebido.

Los géneros moldean nuestra expectativa en cuanto a cómo acercarse a un texto determinado. La forma o género del texto en realidad está conectado con el contenido del texto, y por esta razón, debemos tomar muy en serio el género literario. ¡Está en juego el significado mismo de la Biblia!

Qué es el contexto circundante

El contexto literario incluye no solo el género o clase de literatura, sino también el *contexto circundante*, o sea, los textos que conforman el entorno del, pasaje en estudio. Se puede pensar en ello como el mundo textual en el que vive nuestro texto. Esto incluye palabras, frases, párrafos y conversaciones que se encuentran antes y después de nuestro pasaje. El contexto circundante de Romanos 12:1-2, por ejemplo, incluye los once primeros capítulos de Romanos y también Romanos 12:3 hasta el final del libro. En un sentido más amplio, el contexto circundante de Romanos 12:1-2 es el resto de los libros del Nuevo Testamento e incluso todo el Antiguo Testamento. Estos contextos diversos conforman círculos alrededor de nuestro pasaje.

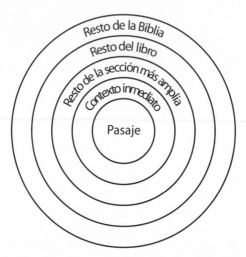

El círculo del *contexto inmediato* está más cerca del centro porque describe lo que se encuentra inmediatamente antes y después de nuestro pasaje. Primera Pedro 5:7 es un versículo alentador: «Depositen en él toda ansiedad, porque él cuida de ustedes». ¿Recordamos su contexto inmediato? Este contexto incluye por lo menos los versículos 5-9, quizá más (el v. 7 se ha resaltado con negrilla).

Así mismo, jóvenes, sométanse a los ancianos, Revístanse todos de humildad. En su trato mutuo, porque

«Dios se opone a los orgullosos,
    pero da gracia a los humildes».

Humíllense, pues, bajo la poderosa mano de Dios, para que él los exalte a su debido tiempo. **Depositen en él toda ansiedad, porque él cuida de ustedes.**

Practiquen el dominio propio y manténganse alerta. Su enemigo el diablo ronda como león rugiente, buscando a quien devorar. Resístanlo, manteniéndose firmes en la fe, sabiendo que sus hermanos en todo el mundo están soportando la misma clase de sufrimiento.

Proponemos que la prioridad principal se la demos al contexto inmediato cuando se trata de determinar el significado de nuestro pasaje. Como lo ilustran los círculos del diagrama del contexto, cuanto más cercano al centro está el círculo, mayor es la influencia que suele tener en el significado de nuestro pasaje.

Un examen cuidadoso del contexto inmediato de 1 Pedro 5:7 revela que poner todas nuestras preocupaciones en las manos del Señor tiene un nexo muy estrecho con el humillarse ante él. Esta relación se va haciendo todavía más sólida cuando caemos en la cuenta de que la palabra «depositen» (v. 7) de hecho es un participio en el texto griego y debe traducirse «depositando».

El contexto inmediato revela que humillarnos delante de Dios significa que confiamos nuestras preocupaciones a Dios porque sabemos que nos ama y que no nos abandonará. El orgullo le dice a Dios, «Puedo llevar esta carga solo», mientras que la humildad implica poner nuestras preocupaciones en un Dios que nos cuida. ¡Qué definición tan positiva de la humildad! Y esta idea surge de una lectura cuidadosa del contexto inmediato.

El paso siguiente es aprender a *identificar* el contexto circundante de nuestro pasaje. Antes de hacerlo, sin embargo, debemos analizar un par de peligros que tienen relación con no tomar en cuenta el contexto.

Peligros de no tomar en cuenta el contexto literario

Es probable que hayamos escuchado decir que uno puede hacer que la Biblia diga cualquier cosa que uno desee. Esto es verdad *solo* si no tomamos en cuenta el contexto literario. Cuando uno respeta el contexto literario (incluyendo el pacto de comunicación implícito en el género) no se puede hacer que la Biblia diga lo que uno quiere. Los cultos son bien conocidos por tergiversar la Escritura, y la mayor parte de sus lecturas equivocadas proviene de violar el contexto literario[7]. Solo porque nos acercamos a la Biblia como cristianos evangélicos no hace que seamos inmunes a interpretaciones equivocadas si decidimos dejar de lado el contexto literario. Hay una serie de peligros relacionados con no tomar en cuenta el contexto literario. En nuestro caso, solo señalaremos dos de los problemas más comunes.

No tomar en cuenta el contexto circundante

El primer peligro proviene de simplemente no tomar en cuenta el contexto circundante. Eso suele suceder cuando la persona se centra en un solo versículo sin prestar atención a cómo los versículos circundantes podrían afectar su significado. Por ejemplo, ¿estamos al tanto del contexto de 2 Timoteo 2:22, que dice: «Huye de las malas pasiones de la juventud»?.

Segunda Timoteo 2:22 es un versículo preferido para luchar contra la tentación sexual. Pero ¿cómo define el contexto circundante las «malas pasiones de la juventud»? Pablo está escribiendo a Timoteo, quien se está encontrando con el problema de falsos maestros dentro del liderazgo de la iglesia de Éfeso. La unidad previa (2:14-19) deja bien claro que Timoteo debe oponerse a los falsos maestros. Esto se refuerza con una analogía tomada del hogar (2:20-21). De igual modo, 2:23-26 habla de la falsa enseñanza. En el versículo 22 Pablo le dice a Timoteo que se aleje de discusiones, polémicas necias y de novedades teológicas que tanto atraen a ministros jóvenes (i.e., «las malas pasiones de la juventud «) y que busque la justicia, la fe, el amor y la paz con el verdadero pueblo de Dios. Para sorpresa de muchos este versículo tiene muy poco (caso de que tenga algo) que ver con la tentación sexual.

La forma en que nuestra Biblia ha sido dividida en capítulos y versículos no ayuda mucho. Los números de capítulos y versículos nos ayudan a encontrar rápido los pasajes, pero también nos pueden llevar a creer que cada versículo es una unidad independiente de pensamiento, lo cual no es verdad. Solo porque asignamos números a las frases en un párrafo no quiere decir que podemos sacar una frase concreta de su contexto y desconectarla de lo que precede o sigue.

También debemos recordar que las divisiones en capítulos y versículos no formaron parte de los documentos originales sino que se agregaron mucho después. Cuando decimos que el Espíritu Santo inspiró las Escrituras, estamos hablando del texto mismo, no de sus números de referencia. No permitamos que agregados posteriores nos induzcan a sacar frases de su contexto circundante y a darles un significado que sus autores nunca les quisieron dar.

Predicación temática

Un segundo peligro relacionado con no tomar en cuenta el contexto literario tiene que ver con cómo se predica la Escritura. La predicación temática es un enfoque válido para la predicación cuando los diversos pasajes se interpretan en su contexto y el mensaje general no viola esos contextos individuales. Pero con demasiada frecuencia la predicación temática distorsiona el significado de la Escritura por no tomar en cuenta el contexto literario. Así es como sucede.

El diagrama que sigue muestra cómo fluye el pensamiento de un autor bíblico a lo largo de un texto concreto. La predicación expositiva (en contraposición a la predicación temática) sigue el flujo del pensamiento del autor a lo largo de un texto concreto (p.ej., Juan 10) para ir captando el significado pretendido y comunicar ese significado a la congregación.

La predicación temática, por el contrario, a menudo pasa de un pasaje a otro uniendo una serie de pensamientos que no pretendían tener relación entre sí (ver el diagrama siguiente). Eso es lo mismo que pasar del periódico al menú al poema a la carta de amor, entresacando pensamientos al azar, con el fin de construir un mensaje que uno prefiere. Es fácil de ver cómo este enfoque podría con facilidad violar el contexto literario y conducir a toda clase de conclusiones no bíblicas.

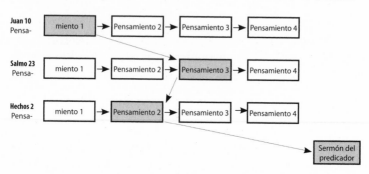

Citar pasajes bíblicos fuera de su contexto puede ayudar a que el sermón resulte muy entretenido, pero ocultará el verdadero mensaje de Dios. Interpretar mal la Biblia en última instancia perjudicará a las personas al esclavizarlas en lugar de liberarlas con la verdad. ¿Qué hubiera ocurrido si el joven al que nos referimos al principio de este capítulo hubiera creído en realidad que Dios lo había llamado a que se casara con su novia cuando de hecho Dios no había hecho nada semejante? El fallo del joven al no tomar en cuenta el contexto lo conduciría a una interpretación equivocada con graves consecuencias en su relación. Claro que la novia podría decir «no» a su propuesta y animarlo a tomar una clase sobre interpretación bíblica. Entonces todo estaría bien.

Cómo identificar el contexto circundante

La Biblia es más que una colección de partes no relacionadas entre sí. El Espíritu Santo movió a los autores bíblicos a conectar sus palabras, frases y párrafos en un todo literario en la forma normal en que las personas utilizan la lengua para comunicar. Solo imaginemos cómo se presentaría un documento si las frases no tuvieran relación entre sí para conformar un mensaje unificado. Mejor aun, leamos el siguiente párrafo.

> La otra noche escuché una historia interesante en las noticias. El mariscal de campo simuló que pasaba hacia atrás. La acumulación de carbono impedía que el carburador funcionara bien. Los filetes de casi un centímetro de grueso se cocinaron tostados por fuera pero rojos por dentro. Montones de nieve de hasta tres metros bloquearon la carretera. El césped necesita un corte. El ascensor subió hasta la cima de cien pisos en menos de un minuto. La audiencia abucheó la deficiente interpretación[8].

Lo usual es que no unamos ideas escogidas al azar cuando tratamos de comunicar. Lo normal es que las frases se basen en otras frases anteriores y conduzcan a frases posteriores para así producir un mensaje coherente. Como comunicación de Dios a nosotros, las partes de la Biblia están conectadas para conformar un todo, y ese todo a su vez incluye directrices o límites para que se puedan entender las partes.

Cuando le pedimos a alguien que identifique el contexto circundante, lo que hacemos es pedir que vea cómo esas frases (las partes) encajan entre sí en un libro para comunicar el mensaje más amplio (el todo). No podemos leer la mente del autor, pero sí podemos seguir la pista de su pensamiento que va discurriendo a través de cada frase y párrafo para llegar a conformar el libro todo. Deseamos ver cómo las unidades más pequeñas se conectan para conformar las unidades más amplias. Además, la interpretación más precisa de un pasaje es la que encaja mejor con el contexto circundante del pasaje.

Vamos a utilizar el breve libro de Filemón en el Nuevo Testamento para ilustrar cómo identificar el contexto circundante de un pasaje. Supongamos que estamos tratando de determinar el contexto circundante de Filemón 4-7 (el libro todo de Filemón es de un solo capítulo). Tomemos un momento para leer Filemón. Para captar lo que Pablo quiere de verdad decir en los versículos 4-7, es preciso examinar lo que dice antes y después del pasaje. A esto nos referimos cuando hablamos de «contexto circundante», cómo una sección encaja con lo que está antes y con lo que viene después. Para encontrar el contexto circundante de cualquier pasaje se deben dar tres pasos: identificar en qué forma está dividido el libro en párrafos o secciones, resumir la idea principal de cada sección, y explicar cómo el pasaje que nos ocupa se relaciona con las secciones circundantes. Sigamos con nuestro ejemplo de Filemón.

1. *Identificar en qué forma está dividido el libro en párrafos o secciones.* Consultemos diferentes traducciones de la Biblia para ver cómo han dividido los traductores el libro y los capítulos en unidades más pequeñas. Aunque no todos estarán de acuerdo en cuanto a cómo dividir el texto en secciones, a menudo habrá consenso entre las traducciones (como en el caso de los vv. 4-7). Si uno deseara hacer el trabajo en forma independiente, habrá que buscar cambios en el texto como pistas para una mutación en el flujo del pensamiento del autor (p.ej., conjunciones, cambios de género, tema, tiempo, ubicación, marco). Algunos de estos puntos de transición se pueden ver en Filemón. Pablo pasa de un saludo a una oración entre los versículos 3 y 4. No hay

que descuidar la conjunción «por eso» en el versículo 8 y el «de modo que» en el v. 17, en ambos casos para comenzar secciones nuevas.

2. *Resumir la idea principal de cada sección en una docena de palabras o menos.* Para cada enunciado que escribimos, debemos asegurarnos de que resumimos el punto de toda la sección y no solo de una parte de la sección. Después de escribir el resumen, conviene volver a leer la sección para ver si el resumen capta de verdad toda la sección. Al redactar el resumen, hay que pensar en dos cosas: (a) el tema o idea principal de la sección, y (b) qué dice el autor acerca del tema o idea principal. Los siguientes son los resúmenes elaborados para cada sección de Filemón:

- vv. 1-3: Pablo identifica a los que envían y reciben la carta y envía un saludo.
- vv. 4-7: Pablo da gracias a Dios por la fe y amor de Filemón e intercede por él.
- vv. 8-16: Pablo suplica a Filemón por su «hijo» Onésimo y le comparte a Filemón una perspectiva acerca de la providencia de Dios en el asunto.
- vv. 17-20: Pablo insta a Filemón a que reciba a Onésimo como recibiría al mismo Pablo.
- v. 21: Pablo expresa confianza en que Filemón hará más que lo que le pide.
- v. 22: Pablo comparte su esperanza de ir en persona a visitar a Filemón.
- vv. 23-24: Pablo comparte saludos de parte de sus colaboradores.
- v. 25: Pablo concluye la carta con una bendición de gracia.

3. *Explicar en qué forma la sección que se estudia se relaciona con las secciones circundantes.* Ahora que ya vemos cómo discurre el pensamiento del autor a lo largo de todo el libro con la lectura de los resúmenes de las secciones, llega el momento de tratar de ver cómo el pasaje en estudio encaja en lo circundante. A nuestros estudiantes les decimos: «Si

lo único que hacen es leer lo que está antes y viene después del pasaje en estudio, eliminarán cerca del 75 por ciento de todos los errores de interpretación». Lo fundamental en identificar el contexto circundante es observar cómo la sección en estudio se relaciona con lo que la precede y la sigue. En Filemón, nuestra sección (vv.4-7) se encuentra entre el inicio de la carta (vv.1-3) y el cuerpo de la carta (vv.8-22). Casi todo lo que Pablo dice en nuestro pasaje de acción de gracias y oración prepara al lector para lo que está punto de decir en el cuerpo de la carta.

En este caso, la acción de gracias constituye la base de la petición que sigue. Pablo reconoce una serie de cualidades en Filemón en los vv. 4-7, las mismas cualidades que le permitirán responder de manera positiva a la petición siguiente de Pablo. Pablo da gracias a Dios de que Filemón confía en el Señor y ama a los demás. Este amor, prosigue Pablo, «me ha alegrado y animado mucho». También elogia a Filemón por reconfortar el corazón de los santos. Ahora Pablo pasa a pedir un favor para un santo en particular, Onésimo. Así pues, la sección de acción de gracias y oración (vv. 4-7) prepara el camino para el cuerpo de la carta. Las buenas cualidades de Filemón que se ponen de relieve en los vv. 4-7 constituyen la clave del carácter que lo motivará a hacer lo que Pablo está a punto de pedir en el resto de la carta. Cuando estudiamos Filemón 4-7 teniendo presente su contexto circundante, podemos en verdad captar el significado del pasaje.

Conclusión

Estudiamos el contexto literario de la Biblia porque la interpretación que mejor encaja con el contexto es la más válida. Cuando no tomamos en cuenta el contexto literario, corremos el riesgo de obligar a la Biblia a decir lo que queremos que diga. Esto puede parecer que satisface las necesidades inmediatas de algunas personas, pero en última instancia, este enfoque perjudica a las personas al privarlas de la verdad liberadora de Dios. Las personas van buscando respuestas que hayan superado la prueba del tiempo para problemas que se les plantean, respuestas que la cultura contemporánea sencillamente no puede ofrecer.

Cuando tomamos en serio el contexto literario, estamos diciendo, «Deseamos oír lo que Dios está tratando de decirnos».

Respetamos el contexto literario cuando jugamos según las reglas del juego que el autor estableció por medio del uso que hizo de algún género literario y cuando prestamos suma atención el contexto circundante. Nosotros mismos nos comunicamos conectando nuestras palabras, frases y párrafos para formar un mensaje coherente y la Biblia hace lo mismo. Al respetar el contexto literario de un pasaje de la Biblia, estaremos diciendo por medio de nuestras acciones que, por encima de todo, queremos oír lo que Dios tiene que decirnos por medio de su Palabra.

Preguntas para analizar

1. ¿Qué sucede si tomamos muy en cuenta el contexto circundante de un pasaje, pero prescindimos del género literario?
2. Además de los ejemplos mencionados en este capítulo, ¿cuáles son algunos de los casos de interpretación de un pasaje bíblico aparte de su contexto inmediato?
3. ¿Cuándo es contextualmente válida la predicación temática? ¿Cuándo hace caso omiso del contexto y lo violenta?

Tarea escrita

Vaya al libro de Jonás en el Antiguo Testamento y haga lo siguiente:

1. Leer todo el libro e identificar cómo se divide el libro en párrafos o secciones.
2. Resumir la idea principal de cada sección en doce palabras o menos.
3. Explicar cómo el pasaje concreto (Jonás 1:13-16 para este ejercicio) se relaciona con el contexto circundante.

Por nuestro cumpleaños nos regalan algo de dinero extra y decidimos comprarnos una nueva Biblia. La librería cristiana local debe tener lo que queremos. Al entrar en la tienda y dirigirnos a la sección de biblias, de inmediato advertimos que las opciones son muchas: *Reina-Valera*, *Dios Habla Hoy*, *Biblia de las Américas*, *Nueva Versión Internacional*, *Versión Popular*, *Biblia de Jerusalén*, *Biblia Latinoamericana*, *Nueva Biblia Española*, y otras posibilidades, como la paráfrasis *La Biblia al Día*. Algunos no sabían que pudiera ser tan complicado comprar una nueva Biblia. ¿Qué hay que hacer?

Lo primero que hay que saber en cuanto a escoger una Biblia es ver si existe una gran diferencia entre la versión o traducción de la Biblia y el formato que utilizan los editores para venderla. Algunas características agregadas son notas para estudio, artículos introductorios e ideas para devocionales que a menudo son útiles pero no forman parte de la traducción del texto original. Al escoger una Biblia convendría no fijarse en el formato utilizado para su venta y centrarse en asegurarse de que sabemos qué traducción se está utilizando. En este capítulo hablaremos de traducciones de la Biblia y no de las características utilizadas para vender más.

La traducción misma es inevitable. Dios se ha revelado y ha pedido a su pueblo que den a conocer a otros esa comunicación. A no ser que deseemos aprender hebreo y griego (las lenguas originales de la Biblia), necesitaremos una traducción. Traducir no es más que transferir el mensaje de una lengua a otra. No debemos pensar que la traducción es algo malo, ya que por medio de las traducciones podemos oír lo que Dios ha dicho. En otras palabras, las traducciones son necesarias para que quienes hablan una lengua que no sea hebreo o griego entiendan lo que Dios les está diciendo por medio de su Palabra.

Traducciones al castellano desde 1569

La traducción clásica de la Biblia es la de Casiodoro de Reina[9]. Utilizt como base el textus receptus[10] para la traducción del Nuevo Testamento. Se terminó de imprimir por primera vez en Basilea, Suiza, en 1569 y comenzó a utilizarse sobre todo entre el incipiente movimiento protestante. Se le llamó primero *Biblia del Oso.* Algunos piensan que la traducción no fue la obra de un solo traductor sino más bien resultado de una labor colectiva de algunos monjes de la comunidad San Isidoro en España quienes, bajo el liderazgo de Casiodoro de Reina, huyeron de la Inquisición y de la persecución. Esta fue la primera versión completa de la Biblia en español, incluyendo los libros Apócrifos. Unos años después, en 1596 se imprimió en Londres, Reino Unido, una versión de Cipriano de Valera. La versión *Reina-Valera,* como posteriormente se le llamó, fue publicada por primera vez en Ámsterdam, Holanda, en el 1602.

Esta edición de 1602 fue sometida a diversas revisiones en los siglos XIX, XX y XXI (1862, 1865, 1909, 1960, 1995, 2004).

En la Iglesia Católica, la primera traducción oficial de la Biblia completa la hicieron *Nácar-Colunga* (1944), seguida por *Bover-Cantera* (1974) y *Straubinger* (1944-51). Aunque existen varias versiones oficialmente aceptadas en dicha iglesia, la que goza de mayor aceptación es la *Biblia de Jerusalén,* cuya primera traducción al español vio la luz en 1967 y fue revisada en 1973. También se puede encontrar en una versión moderna latinoamericana, con textos introductorios y comentarios. La traducción al castellano se basó en numerosas fuentes primigenias, y siguiendo los criterios interpretativos de la versión francesa de la Biblia editada por la Escuela Bíblica de Jerusalén. Se hicieron revisiones de la misma en 1975 y 1998. La traducción original francesa fue realizada bajo la dirección de L'École Biblique de Jerusalén. Primero se editó en fascículos y después ya en conjunto. Es una Biblia que en todos los idiomas a la que se ha traducido ha tenido una profunda aceptación por sus introducciones, paralelos que ofrece, etc., y se ha convertido en un instrumento indispensable para el estudio científico de las Escrituras. La edición española ha traducido los textos de las lenguas originales según la crítica textual y la interpretación del original francés. Los títulos, subtítulos, apéndices y notas han sido traducidos del francés. Es una Biblia con profundas notas sobre la traducción, aunque en lo referente al Antiguo Testamento la mayoría se refiere a temas de gramática, lingüística y traducción. Se le considera una «Biblia para Especialistas», pero la fidelidad del texto la hace muy práctica y útil para cualquiera.

La *Biblia para Latinoamérica* (1972) es una Biblia de tipo popular, con vocabulario al alcance de todos. Los autores han pretendido relacionar la Palabra con la realidad social que vive Latinoamérica. Los comentarios, traducción y notas van en esta línea. Utiliza distintos tipos de letras (aun en el texto bíblico) para presentar, por ejemplo, las diversas tradiciones del Pentateuco. Ha tenido gran difusión y con el tiempo se ha ido revisando.

La Biblia (1992) de la Casa de la Biblia (España). Bajo la dirección de Santiago Guijarro y Miguel Salvador, un equipo de peritos presenta una traducción totalmente revisada con amplias introducciones y notas. La Biblia tiene un conjunto unitario de introducciones generales tanto a conjuntos de libros, como a cada uno de ellos. Además, a pie de página del texto bíblico hay notas explicativas pertinentes. Hay también una selección de pasajes paralelos, lo mismo que una amplia cronología bíblica y numerosos mapas.

Otras versiones populares incluyen la *Nueva Biblia Española* (1975), la *Biblia del Peregrino* (1993) y la *Biblia de Nuestro Pueblo* (2006).

En décadas recientes se han publicado versiones de carácter ecuménico, como *Dios Habla Hoy*, de las Sociedades Bíblicas Unidas, que recibió la aprobación del Consejo Episcopal Latinoamericano. Es una traducción dinámica (idea por idea) con lenguaje accesible. Hay una edición de estudio con notas históricas y lingüísticas no confesionales elaboradas por eruditos católicos y protestantes (2000).

La *Nueva Versión Internacional* (NVI) fue fruto de la labor de un equipo compuesto de biblistas de 10 países hispanoparlantes, bajo la responsabilidad editorial de Luciano Jaramillo, biblista colombiano. Es una traducción dinámica de los originales, y ha sido publicada por la Sociedad Bíblica Internacional.

En vista de la necesidad de una traducción muy exacta y contemporánea de la Biblia, se ha publicado la *Biblia de las Américas*. Se trata de una nueva traducción de las Escrituras a partir de las lenguas originales, del hebreo-arameo y del griego que realizaron un grupo de eruditos evangélicos latinoamericanos de la Biblia. Presentan la Palabra de Dios en un estilo claro y fluido con un gran apego a los textos hebreo y griego. Es apropiada para el público en general y también para quienes deseen estudiar a fondo la Biblia.

La Biblia en la versión *La Palabra de Dios para Todos*, publicada en el 2005, fue preparada por el Centro Mundial de Traducción de la Biblia, utilizando el español latinoamericano..

La mayor parte de los cristianos evangélicos utilizan la versión de Reina-Valera. Pero la *Nueva Versión Internacional* ha ido ganando terreno, y otras versiones que están en proceso sin duda alterarán el panorama.

Exploremos ahora los diferentes métodos que emplean los traductores al traducir.

Métodos en la traducción de la Palabra de Dios

El proceso de traducir es más complicado que lo que parece. Algunos piensan que todo lo que hay que hacer al traducir es definir cada palabra e ir uniendo todos los significados individuales de las mismas. Esto asume que la lengua de origen (en este caso, el griego o el hebreo) y la lengua receptora (como el español) son exactamente iguales, ¡Si la vida fuera a sí de fácil! De hecho no hay dos lenguas que sean exactamente iguales. Por ejemplo, veamos un versículo escogido al azar, de la historia de Jesús que sanó a un joven poseído del demonio (Mateo 17:18). La traducción palabra por palabra al español se muestra a continuación como una transliteración del griego:

Kai epitemēsen autō ho Iēsous kai exēlthen ap'autou to daimonion

Y   reprendió   lo   el Jesús   y   salió   de   él   el demonio

kai etherapeuthē ho   pais   apo tēs hōras ekeinēs
y   fue sanado   el muchacho desde la hora   aquella

¿Debemos concluir que la frase española mencionada es la traducción más exacta de Mateo 17:18 porque intenta dar una versión literal del versículo? ¿Es mejor una traducción si trata de hacer corresponder cada palabra en la lengua de origen con una palabra en la lengua receptora? ¿Sería incluso posible leer toda una Biblia «traducida» de esta forma?

El hecho de que no haya dos lenguas que sean exactamente iguales hace que la traducción sea una tarea complicada. D. A. Carson identifica una serie de cosas que hacen que una lengua sea distinta de otra[11].

- No hay dos palabras que sean exactamente iguales. Las palabras significan cosas diferentes en lenguas diferentes. Incluso palabras que tienen un significado similar difieren algo entre sí. Por ejemplo, la palabra griega *fileō*, que a menudo se traduce como «amar», debe traducirse como «besar» cuando Judas besa a Jesús en el acto de traicionarlo (Mateo 26:48 en Reina-Valera).
- El léxico de dos lenguas cualesquiera varía en cuanto a tamaño. Esto significa que es imposible asignar una palabra en una lengua de origen directamente a una palabra en la lengua receptora. Esta clase de correspondencia de una a una sería buena, pero es del todo imposible.
- Las lenguas unen palabras en formas diferentes para formar frases, cláusulas y oraciones (sintaxis). Esto significa que hay diferencias estructurales predeterminadas entre dos lenguas cualesquiera. Por ejemplo, el español tiene un artículo indefinido (un, uno-a) mientras que el griego no lo tiene. En el español los adjetivos pueden usarse antes del sustantivo que modifican y utilizan el mismo artículo definido (p.ej., «la gran ciudad»). En hebreo, sin embargo, los adjetivos van después del sustantivo que modifican y tienen su propio artículo definido (p. ej., «la ciudad, la grande»).

- Las lenguas tienen diferentes preferencias estilísticas. El griego educado enfatiza la forma pasiva de los verbos, en tanto que el español refinado enfatiza la voz activa. La poesía hebrea a veces utiliza un modelo acróstico, que resulta imposible traducir al español.

Como las lenguas difieren de muchas maneras, traducir no constituye un proceso mecánico, sencillo, rutinario. En el caso de una traducción, resulta equivocado asumir que *literal* es equivalente a *exacta*. Una traducción más literal no es de por si una traducción más exacta; podría ser de hecho una traducción menos exacta. ¿Es la traducción «y fue sanado el muchacho desde la hora aquella» más exacta que «y este quedó sano desde aquella hora» (Reina-Valera) o «y este quedó sano desde aquel momento» (NVI)? La traducción es más que solo encontrar palabras que se corresponden y unirlas.

Traducir conlleva «reproducir el significado de un texto que está en una lengua (la *lengua de origen*), en la forma más completa posible, a otra lengua (la *lengua receptora*)»[12]. La forma de la lengua original es importante y los traductores deben apegarse al mismo de ser posible, pero la forma no debe tener prioridad por encima del significado. Lo más importante es que el lector contemporáneo entienda el significado del texto original. Cuando el traductor puede reproducir el significado y conservar al mismo tiempo la forma, tanto mejor.

Traducir es una labor complicada y los traductores a menudo se enfrentan a opciones difíciles entre dos formas diferentes, pero igualmente buenas, de decir algo. Esto explica por qué hay métodos diferentes para traducir. Las personas y los comités tienen diferencias de opinión acerca de la mejor forma de escoger entre opciones difíciles que se dan en la traducción, incluyendo la relación entre forma y significado.

Hay dos métodos principales para traducir: el método *formal* (a veces llamado «literal» o «palabra por palabra») y el método *funcional* (a menudo llamado «idiomático» o «pensamiento por pensamiento»). En realidad ninguna traducción es totalmente formal o totalmente funcional. Como las lenguas de origen y receptora difieren, todas las traducciones tendrán al menos algunos rasgos formales y otros funcionales. La situación se parece más a una escala, que va desde traducciones que son más formales a traducciones que son más funcionales.

El método *más formal* trata de apegarse lo más posible a la estructura y palabras de la lengua de origen. Los traductores que utilizan este método sienten una aguda responsabilidad por reproducir en la medida de lo posible las formas del griego y hebreo originales. El lado negativo radica en que el método formal es menos sensible a la lengua receptora del lector contemporáneo y, en consecuencia, puede parecer forzado o incómodo. Las traducciones formales corren el riesgo de sacrificar el significado en aras de mantener la forma.

El método *más funcional* trata de expresar el significado del texto original en lenguaje actual. En este caso el traductor siente la responsabilidad de reproducir el significado del texto original de manera que el efecto en el lector actual equivalga al efecto en el lector antiguo.

Muchas traducciones contemporáneas utilizan este método, incluyendo la NVI. El método funcional no siempre es sensible como debe serlo al fraseo y estructura de la lengua de origen. Cuando se aleja demasiado de la forma de la lengua de origen, el método funcional corre el riesgo de distorsionar el verdadero significado del texto.

Además de los dos métodos principales para traducir que se acaban de mencionar, uno se encuentra con lo que se conoce como *paráfrasis*. Técnicamente hablando, la paráfrasis no es para nada una traducción de la lengua de origen, sino tan solo una reformulación o explicación de una traducción española original utilizando palabras españolas diferentes. La más conocida es *La Biblia al día,* obra que se produjo bajo la dirección de Juan Rojas Mayo. El trabajo se realizó siguiendo el estilo de la *Living Bible* de Ken Taylor.

Otra traducción similar a la paráfrasis es la que trata de ofrecer al lector una comprensión de los muchos significados que se encuentran en un versículo en concreto por medio del «uso creativo de la ampliación». Por ejemplo, Juan 11:25 dice: «Entonces Jesús le dijo: Yo soy [yo mismo] la resurrección y la vida. El que cree en (apega a, confía en y depende de) mi, vivirá, aunque muera». Como ninguna de las palabras en sí mismas ofrece toda la gama de significado a cada contexto, esta clase de ampliación deja la impresión engañosa de que el lector puede escoger entre todas las opciones que se ofrecen.

Una vez más, las paráfrasis no son traducciones de la lengua de origen. No recomendamos utilizar paráfrasis para un estudio serio porque tienden a explicar más que a traducir. Creemos que el significado que quiso el autor está codificado en los detalles del texto. En una paráfrasis, el «traductor» toma demasiadas decisiones de interpretación a nombre del lector. El resultado es que las paráfrasis agregan muchas cosas que sencillamente no están en la Biblia. En lugar de traducir la Palabra de Dios, las paráfrasis ofrecen un comentario acerca de la Palabra de Dios. Debemos tratar las paráfrasis como comentarios y utilizarlas como tales.

¿Qué versión escoger?

Sugerimos las siguientes directrices para escoger una traducción.

1. *Escoja una traducción que emplea español moderno.* La finalidad de toda traducción es trasladar el mensaje del texto original a una lengua que el lector pueda entender. La historia nos enseña que las lenguas van cambiando con el tiempo, y el español no es una excepción. El español que se hablaba en el siglo XVII, cuando aparecieron las primeras traducciones no es el mismo que se utiliza en el siglo XXI. Poco se gana si se traduce un texto hebreo o griego a una clase de español que ya no se usa y que no se puede entender bien. Por esta razón, se recomienda escoger entre las muchas buenas traducciones que se han publicado en los últimos cincuenta años.

2. *Escoja una traducción que se base en el texto estándar hebreo y griego.* El texto estándar para el Antiguo Testamento es la *Biblia Hebraica Stutgartensia (BHS).*En cuanto al texto estándar del Nuevo Testamento se refleja en la última edición del *Greek New Testament* (GNT) de las Sociedades Bíblicas Unidas o el *Novum Testamentum Graece* de Nestle-Adam.

Junto con la mayoría de los estudiosos, preferimos un texto ecléctico al *Textus Receptus* que utilizan otras traducciones.

3. *Prefiera una traducción por un comité a una traducción por una sola persona.* Traducir exige una enorme cantidad de conocimiento y habilidad. Un grupo de traductores capacitados sin duda tendrán más competencia que la que podría poseer cualquier traductor solo. Además, un grupo de académicos de ordinario se cuidarán de no caer en la tendencia de académicos individuales de introducir sus propios sesgos personales a su traducción.

4. *Escoja una traducción que sea apropiada para su propio propósito en un momento dado.* Cuando se quiere leer un texto en un culto o a niños, se puede pensar en una traducción simplificada, funcional. Si lo vamos a leer a personas no tradicionales o ajenas a la iglesia se puede pensar en *La Biblia al Día* o cualquiera de las versiones no tradicionales mencionadas. Pero para su propio estudio a fondo le recomiendo la *Nueva Versión Internacional,* la *Reina-Valera 1960* o la *Biblia de las Américas.*

Conclusión

En este capítulo hemos aprendido acerca de las traducciones de la Biblia. Hay muy pocas cosas tan importantes como la manera en que ha sido traducida la Biblia. Podemos dar gracias a Dios de que haya utilizado a traductores para que el mensaje del texto original llegara a nuestras manos. ¿Podemos imaginar la vida cristiana sin tener a la mano un ejemplar de la Palabra de Dios? A pesar de tenemos acceso con muchas buenas traducciones de la Biblia, no existe lo que se podría considerar como una traducción perfecta. Además, las lenguas cambian con el tiempo. Por estas razones, estudiosos y lingüistas comprometidos deben seguir esforzándose al máximo para que el mensaje del texto original se pueda leer en un lenguaje comprensible. Quién sabe, quizá Dios quiere que alguno de los lectores llegue a ser traductor de la Biblia.

Preguntas para analizar

1. ¿Qué método de traducción de la Biblia prefiere? ¿Por qué?
2. ¿Por qué «literal» no equivale de manera automática a «exacta» cuando se trata de la traducción de la Biblias?
3. ¿Qué traducciones en concreto le gusta comparar al estudiar un pasaje de la Escritura?

Tarea escrita

Escoja tres traducciones de las mencionadas en este capítulo. Escoger un pasaje bíblico (debe ser de por lo menos dos versículos) y escribir la traducción del pasaje que ofrecen. Luego, subrayar o destacar las diferencias entre las cinco traducciones. Escribir un párrafo en el que resuma lo que haya observado al comparar las traducciones.

Significado y aplicación

8

¿Quién controla el significado, el lector o el autor?

Cuando los hijos de Danny eran pequeños, uno de sus videos favoritos era la vieja película *El Mago de Oz*. Esta película se basa en un libro de L. Frank Baum. Para los pequeños de Danny, este delicioso cuento trataba de una jovencita llamada Dorothy y su lindo perrito, quien contra toda probabilidad venció a los poderosos y tenebrosos «malos» (las brujas malvadas) con alguna ayuda de los nuevos amigos de Dorothy. Para los niños, la historia tenía este sencillo significado.

Pera si leemos con atención la historia, y comenzamos a indagar el entorno histórico de la época en que Baum escribió el libro, va saliendo a flote un significado diferente. Uno de los debates políticos más intensos que se daba en los Estados Unidos de América cuando Baum escribió esta historia giraba en torno a si el país debía seguir utilizando el patrón oro como base para el dólar de los EE.UU. o si debe pasarse a la plata. Este contexto histórico sugiere que la frase principal del libro («¡Sigue el camino de ladrillos amarillos!») puede ser una referencia al tema político básico de ese tiempo. Recordemos que aunque el camino de ladrillos amarillos conducía al gran Mago de Oz, una vez que Dorothy llegó, descubrió que era un engaño. La única esperanza de Dorothy eran sus zapatos. En el libro de Baum los zapatos son «plateados». Hollywood los cambió a color rubí para que el color se viera mejor en la película. Por lo tanto, quizá el libro cae en la categoría de sátira política.

Según esta línea de interpretación, los personajes en la historia es probable que representen diferentes estratos de la sociedad norteamericana. El Espantapájaros representa a los campesinos (se supone que sin cerebro). ¿A quien representaría Tim Woodsman? A los operarios de una fábrica (sin corazón). Y el cobarde león quizá representa el liderazgo político del país. También nos encontramos con la malvada bruja de oriente (la clase dirigente de la costa oriental) y la malvada bruja de occidente (la clase dirigente de la costa occidental). ¿Y quién es la heroína? El centro de Estados Unidos: Dorothy de Kansas[13].

Así que, ¿quién tiene razón? ¿Estaban *equivocados* los hijos de Danny cuando interpretaban la historia como un simple cuento de los buenos que triunfan sobre los malos? ¿No quiso el autor que se leyera como una sátira política? Estamos equivocados cuando lo entendemos de alguna otra manera? ¿Cuál es el significado del relato? Y *¿quién* determina el significado?

Esta pregunta acerca del significado ha generado un debate animado y a veces acalorado, no solo en los círculos literarios seculares, sino también entre estudiosos de la Biblia. Durante toda la primera mitad del siglo XX, el enfoque tradicional a la hora de interpretar cualquier literatura, bíblica o secular, era asumir que el autor determina el significado y que la tarea del lector es encontrar ese significado. Dentro del mundo de la crítica literaria secular, este enfoque se vio sometido a fuertes críticas durante la segunda mitad del siglo XX, y muchos críticos literarios en la actualidad defienden que es el *lector*, y no el *autor*, quien determina qué *significa* un texto.

Este punto de vista fue pasando de la crítica literaria secular hacia el campo de la interpretación bíblica. Muchos estudiosos bíblicos comenzaron a sondear la pregunta, *¿Cuál es el significado?* Algunos concluyeron que el término *significado* solo se aplica cuando el lector interactúa con un texto, que se requiere tanto el lector como el texto para que haya *significado*. El autor, alegan, ya no participa.

Desde luego que sigue habiendo muchos que sostienen que el autor original sigue determinando el significado. Cuando un autor escribe, arguyen, trata de transmitir un cierto significado en el texto. Este significado del autor es el verdadero significado del texto.

La posición que insiste en que es el autor quien determina el significado recibe el nombre de *intención del autor*. La opinión opuesta, que se centra en el lector como el personaje principal para determinar el significado, recibe el nombre de *reacción del lector*. Ambas posiciones se basan en sólidos razonamientos. ¿Qué enfoque debemos tomar?.

Comunicación, el tema central

Sin duda que el lector es libre de interpretar un texto en la forma que prefiera. Nadie lo obligará a leer *El Maravilloso Mago de Oz* como una sátira política. De modo que el autor tiene control del significado hasta donde se lo permita el lector. Pero supongamos, por ejemplo, que recibimos una sentimental poesía amorosa escrita por nuestra novia o novio. Al leer cada palabra y estrofa de la poesía, iremos buscando el significado que le quiso dar quien lo escribió. Queremos saber qué está tratando de decirnos. En esta situación aplicaremos el enfoque en la *intención del autor* porque estamos viendo el texto como una *comunicación* entre el autor y nosotros. Conocemos al autor y deseamos saber qué nos está diciendo. Haremos la pregunta interpretativa: *¿Qué quiere decir el autor?*

Asumamos, sin embargo, que un día paseando por el bosque, encontramos en el suelo una hoja de papel en el que está escrita una poesía amorosa. Ni siquiera se identifica el autor. La poesía, sin embargo, es hermosa, y disfrutamos leyéndola. En esta situación, quizá no nos interese saber cuál fue la intención del autor o qué quiso decir. Ni siquiera sabemos quién es el autor. En esta situación, tenemos la libertad de leer e interpretar de acuerdo con la *reacción del lector*. La pregunta interpretativa esta vez será *¿Qué significa esto para mí?* En el bosque con una poesía anónima, tenemos libertad para no tomar en cuenta al autor y lo que quiso decir.

En muchas situaciones, sin embargo, reviste gran importancia que tratemos de encontrar el significado que el autor ha querido darle debido a las graves consecuencias negativas que se darían si entendemos mal o a propósito no tomamos en cuenta el significado que el autor quiso darle. Por ejemplo, uno de los textos literarios más comunes en cualquier país es la gran palabra ALTO o PARE pintada en postes rojos octogonales en muchos cruces de calles en todas las ciudades. Si lo preferimos, podemos seguir el enfoque de *reacción del lector* e interpretar el texto así: *disminuya un poco la velocidad, mire si vienen otros carros, y luego acelere para cruzar.* La policía, sin embargo, cree firmemente en la *intención del autor* para determinar cuál es el significado, de manera que responderá a nuestra interpretación con un parte y una multa.

El tema de la comunicación, por tanto, está en la raíz de la decisión que tomamos en cuanto a cómo interpretar un texto. Si nosotros, los lectores, vemos el texto como una comunicación entre el autor y *nosotros*, debemos buscar el significado que *quiso darle el autor*. Si, por el contrario, como lectores no nos interesa la comunicación con el autor, podemos sentirnos libres DE adoptar la *reacción del lector* e interpretar el texto sin preguntarnos qué quiso decir el autor. En algunos casos, sin embargo, esta clase de lectura puede tener consecuencias negativas graves.

¿Ve cómo esta exposición se aplica a la lectura e interpretación de la Biblia? Es un tema importante que está en la raíz de nuestro enfoque en cuanto a interpretación de la Biblia. Si la leemos solo como excelente literatura, solo por su valor estético, o solo por su profunda orientación moral, no como comunicación de parte de Dios, podemos interpretar el texto como mejor nos plazca. Nuestra principal pregunta interpretativa será: *¿Qué significa este texto para mí?* Si, por el contrario, creemos que la Biblia es la Palabra que nos revela Dios y que las Escrituras son un mensaje de Dios para nosotros, debemos interpretar la Biblia buscando el significado que Dios, su autor, le quiso dar. Nuestra pregunta interpretativa sería: *¿Qué significado quiso Dios darle a este texto?*

Creemos firmemente que la Biblia es una revelación que Dios nos hace. El propósito de Dios es *comunicarnos* quién es y cuál es su voluntad para nosotros. Podemos decidir no tomar en cuenta su mensaje e interpretar los textos bíblicos de acuerdo con nuestros sentimientos y deseos, pero si lo hacemos, sufriremos las consecuencias de la desobediencia. Tampoco llegaremos a conocer a Dios como quiere que lo conozcamos. De manera que es fundamental aplicar el enfoque de la *intención del autor* en nuestra interpretación de la Biblia. En esta, el lector no controla el significado; el autor es quien lo controla. Esta conclusión nos conduce a uno de los principios más básicos de nuestro enfoque interpretativo: *No somos nosotros quienes creamos el significado. Más bien, buscamos descubrir el significado que el autor quiso darle.*

Definiciones

A estas alturas, también es importante que definamos los términos *significado* y *aplicación*. Utilizaremos el término *significado* para referirnos a lo que el autor desea trasmitir con sus señales[14]. Las señales son las diferentes convenciones del lenguaje escrito: gramática, sintaxis, significados de una palabra, etc. Por tanto, en la interpretación bíblica el significado no lo determina el lector. El significado es lo que autor quiso comunicar cuando escribió el texto.

Lo que el lector hace con el significado es la *aplicación*. Una vez que identificamos en el texto lo que el autor está tratando de comunicarnos, debemos reaccionar a dicho mensaje. Utilizamos el término *aplicación* para referirnos a la reacción del lector ante el significado del texto. Así pues, sería incorrecto que preguntáramos en el estudio bíblico: «¿Qué *significa* este pasaje para usted?». La secuencia correcta es preguntar es: «¿Qué *significa* este pasaje? ¿Cómo debemos *aplicar* este significado a nuestra vida?».

Aplicación del significado

No podemos aplicar la Biblia si no sabemos qué significa, pero podemos conocer la Biblia sin aplicarla. Podemos investigar el contexto, analizar las palabras e incluso aprendernos de memoria capítulos enteros, pero a no ser que hagamos algo con lo que conocemos, no entendemos de verdad el mensaje. El conocimiento por si solo no es suficiente; debe conducirnos a actuar.

Comenzamos nuestra Expedición Interpretativa descubriendo el significado del texto en el contexto cultural de la audiencia bíblica. Luego medimos la anchura del río de diferencias y cruzamos el puente de principios. Ahora ya ha llegado la hora de preguntar: «¿Cómo podemos aplicar el significado del texto en nuestro contexto cultural?».

Tengamos presente que hay una gran diferencia entre saber cómo aplicar un texto bíblico y aplicarlo de hecho a nuestra vida. Una vez que sabemos cómo se puede aplicarse un texto, depende de nosotros someternos al Espíritu de Dios y hacer realidad la aplicación. Por ejemplo, en Efesios 4:26 se nos dice que no dejemos que se ponga el sol si seguimos sintiendo enojo. Encontramos en este versículo el *principio teológico* de establecer un límite de tiempo corto cuando sentimos enojo. Como emoción volátil que es, el enojo puede perjudicarnos mucho si no lo controlamos pronto. Una *aplicación* de este principio sería asegurarnos de que cuando nos enojemos con la pareja o con alguien en el trabajo, tratemos de resolver el problema lo antes posible (p.ej. antes de que acabe el día).

Ahora mostraremos cómo podemos determinar aplicaciones válidas de principios teológicos que hemos descubierto en un texto bíblico. Como las aplicaciones pueden variar de una persona a otra, necesitamos un método confiable de asegurarnos de que las aplicaciones entran dentro de los límites que establece el significado que quiso el autor. Nuestro método de aplicar ese significado sigue los pasos de la Expedición Interpretativa que ya conocemos (ver capítulo 1). Podemos ampliar el Paso 4 al ir detallando el proceso de aplicación en varios sub-pasos:

a. Observar cómo los principios en el texto enfocan la situación original.
b. Descubrir una situación parecida en un contexto contemporáneo.
c. Establecer nuestra aplicación específica.

Ilustraremos la aplicación del proceso utilizando Filipenses 4:13, texto muy popular que con frecuencia no se aplica bien: «Todo lo puedo en Cristo que me fortalece». En cada sección, citaremos el paso, analizaremos el proceso y luego lo aplicaremos a nuestro ejemplo.

Paso 1: Comprenda el texto en su contexto actual con la ayuda de un resumen del contexto original (contexto histórico-cultural) y el significado del texto para la audiencia bíblica.

En cuanto a Filipenses 4:13, debemos notar que Pablo está escribiendo esta carta en la cárcel a la espera de ser juzgado (1:7, 13-14, 17). Su fidelidad a Cristo en el ministerio del evangelio lo ha llevado a la cárcel. En esta carta amistosa, exhorta a los filipenses a permanecer firmes frente a toda oposición externa y los pone sobre aviso en cuanto a luchas internas. Les informa de su situación y les da las gracias por la ayuda que le han dado. En Filipenses 4:10-13 Pablo agradece la ayuda monetaria que le enviaron por medio de su amigo mutuo, Epafrodito. También desea aclarar que si bien les agradece mucho su ayuda, su ministerio depende en última instancia de Cristo.

Paso 2: Mida la anchura del río que hay que cruzar. ¿Cuáles son las diferencias entre la situación bíblica y nuestra situación?

Cuando interpretamos las cartas del Nuevo Testamento, lo normal es que el río no sea ni muy ancho ni muy profundo. Hay, claro está, excepciones (p.ej. enfrentarse al pasaje acerca de las ofrendas de carne a los ídolos en 1 Corintios), pero por lo general este no es el caso. En cuanto al pasaje de Filipenses 3:14, hay algunas diferencias. Pablo es apóstol y nosotros no. Pablo está en la cárcel mientras que la mayoría de nosotros no hemos sido encarcelados por nuestra fe (ni por ninguna otra razón, esperamos). Tampoco somos miembros de la iglesia de Filipos que ha apoyado el ministerio de Pablo con ofrendas.

Pero también hay semejanzas. Somos cristianos del Nuevo Testamento bajo el mismo pacto. También somos miembros del cuerpo de Cristo, la iglesia. Además, muchos de nosotros pasamos por situaciones difíciles cuando tratamos de vivir en la práctica nuestra fe. En la mayor parte de los casos, el río de diferencias con Filipenses 4:13 no es ancho.

Paso 3: Cruce el puente de principios. Haga una lista de los principios teológicos que se encuentran en el pasaje.

En cuanto a Filipenses 4:13, podríamos decir: «Los creyentes pueden aprender a estar contentos en toda una serie de circunstancias por medio de Cristo, quien les da fortaleza». O podríamos preferir: «Cristo dará fortaleza a los creyentes para que estén contentos en toda una serie de circunstancias que se presentan como resultado de seguirlo con fidelidad».

Paso 4: Comprenda el texto en nuestro contexto. ¿Cómo debemos los cristianos de hoy aplicar los principios teológicos en nuestras respectivas vidas? Este paso contiene varios sub-pasos.

a. Observar cómo los principios en el texto lidian con la situación original.

Examinemos con cuidado cómo el principio bíblico aborda la situación histórico-cultural. Lo que ves en este cruce entre el texto y la situación es la médula del proceso de aplicación. Habrá ciertos *elementos clave* en el cruce del texto y la situación que resultarán ser significativos para el resto del proceso de aplicación.

Al cruzarse el principio en Filipenses 4:13 con la situación histórico-cultural, surgen varios elementos clave:

Elemento 1: Un cristiano (Pablo)

Elemento 2: Un cristiano que está viviendo una serie de circunstancias difíciles como consecuencia de seguir a Cristo con fidelidad (Pablo está encarcelado debido a su servicio en la causa de Cristo)

Elemento 3: La promesa de Cristo de dar fortaleza al cristiano para sobrellevar las circunstancias que sean.

Una vez que disponemos de elementos clave estamos listos para conectar con nuestro mundo y aplicarlos en nuestra vida.

b. Busque una situación parecida en un contexto contemporáneo

Al aplicar la Biblia tenemos que estudiar no solo el mundo bíblico sino también nuestro mundo. Busquemos una situación en nuestra vida (o nuestro mundo) que se parezca a la situación bíblica. Cuando hablamos de *situación parecida*, queremos decir una situación que contenga *todos* los elementos clave que identificamos en el paso previo.

A continuación ofrecemos dos escenarios. El primero es solo una situación parecida en apariencia ya que no contiene todos los elementos; el segundo es una situación parecida genuina que sí contiene todos los elementos.

Ejemplo1: Filipenses 4:13 se ha convertido en un versículo temático popular entre atletas cristianos en la sociedad estadounidenses. El versículo incluso se colocó en forma destacada en la bata de un reciente boxeador campeón. La frase «Todo lo puedo» sin duda motivó al boxeador para derrotar a sus oponentes o por lo menos a hacer todo lo posible para lograrlo.

Asumiendo que tanto Pablo como el boxeador son cristianos (elemento 1 arriba) y que ambos buscan fortaleza en Cristo (elemento 3), todavía nos falta un elemento clave del cruce entre la situación original y el texto (elemento 2). Pablo y el boxeador entienden la expresión «Todo lo puedo» de una manera radicalmente diferente. Un estudio minucioso del contexto literario de Filipenses 4:13 revela que la palabra «todo» se refiere a toda una serie de circunstancias difíciles. A esas alturas de su vida, Pablo está viviendo una prueba de necesidad y no una prueba abundancia. Cuando Pablo dice que lo «puede todo», se está refiriendo a contentarse o sobrellevar y no a triunfar. Hay una gran diferencia entre las «pruebas» de la competición atlética y la prueba de estar encarcelado por la fe.

Aplicamos mal la Biblia cuando tomamos una situación que no es genuinamente parecida. Puede haber una conexión superficial, pero faltan uno o más elementos clave. En última instancia cuando aplicamos mal la Biblia, perjudicamos a las personas al dirigirlas hacia falsas realidades. Las personas ponen su esperanza en algo que piensan que es verdad cuando no lo es, y sufren a causa de ello. En nuestro ejemplo tomado de Filipenses, el principio de contentamiento en Cristo sin importar las circunstancias se sustituye con un texto probatorio que recurre a Dios para que nos ayude a ganar el juego o el combate. ¿Cómo afecta esta aplicación errónea la fe de un boxeador que pierde? ¿No podría acaso el boxeador aplicar de hecho este versículo de forma más adecuada después de una grave derrota? ¿Qué suponemos que Dios debe hacer si este boxeador se enfrentara con otro boxeador cristiano que también recurriera a la promesa de Filipenses 4:13?

Ejemplo 2. Es una madre sola cuyo esposo inconverso la ha abandonado por la fidelidad de ella a Cristo. Sus dos hijos pequeños se encuentran de repente sin padre. La abruma una sensación de fracaso como persona. Persiste la presión social del qué dirán. Las cargas financieras son grandes y se siente preocupada por cómo podrán sobrevivir con un trabajo de tiempo parcial. La vida parece que se le está derrumbando, pero Dios le ha dado una paz inconmovible porque siente que Cristo está con ella, que la comprende, y que la ayudará a salir adelante.

En este segundo escenario, están presente todos los elementos clave: (1) una persona cristiana (2) que está pasando por circunstancias difíciles a causa de su compromiso con Cristo (3) pero que busca en Cristo fortaleza para seguir adelante. Al encontrar situaciones contemporáneas que son parecidas, se puede tener confianza de estar aplicando el significado del texto bíblico y no otro inventado. El paso siguiente es ser todavía más específicos con la aplicación.

c. Logre aplicaciones específicas.

Una vez identificada la situación parecida —un parecido genuino— hay que pensar en formas específicas de aplicar el principio o los principios bíblicos. ¿Qué debe pensar o hacer la madre sola cuando recurre a Cristo en busca de fortaleza? (Decimos *pensar* o *hacer* porque las aplicaciones pueden afectar formas de pensar además de formas de actuar o comportarse). Si nunca especificamos nuestras aplicaciones, los demás quizá no sepan cómo vivir en la práctica el mensaje de la Biblia en medio de las duras realidades de la vida. No temamos hacer sugerencias concretas. Las personas no solo necesitan saber *qué* hacer; también necesitan saber *cómo* hacerlo.

Quizá la mejor forma de hacer aplicaciones específicas es crear *escenarios de la vida real*. Estos escenarios desempeñan la función de ilustraciones o ejemplos de cómo una persona podría poner en práctica los principios bíblicos. Nos ayudan a ir más allá de principios abstractos para captar el color y la emoción del principio bíblico. No dudamos en reconocer que estos escenarios de la vida real no están en el mismo nivel que la Escritura inspirada; son simples ilustraciones. Pero queremos que los guíe el Espíritu Santo y que sean fieles a los principios bíblicos (o sea, coherentes con lo que quiso decir el autor). También queremos que las audiencias contemporáneas conozcan que la Palabra de Dios es relevante siempre. Los escenarios de la vida real deben por un lado ser fieles al significado del texto y por el otro relevantes para las audiencias contemporáneas. Intentémoslo.

Ejemplo. Un escenario de la vida real que formula aplicaciones específicas para la madre sola que presentamos antes.

Como madre sola podría hacer varias cosas —buscar consejo de un cristiano maduro, poner por escrito sus pensamientos y orar con toda sinceridad. También podría estudiar otros pasajes bíblicos que hablan de las relaciones entre esposo, divorcio, volver a casarse, y así sucesivamente. Dios le dará sabiduría en su búsqueda de su Palabra. Quizá en su iglesia hay personas de negocios que podrían ayudarla a definir sus planes financieros. Disponer de un plan para mantener a sus hijos aliviará muchas de las preocupaciones diarias.

¿Qué del esposo? En toda esta terrible experiencia ha sido una esposa fiel. Ha orado sin cesar pidiendo que su esposo permitiera que el Señor tranquilizara su espíritu inquieto, pero decidió abandonarla. Sabía que su lealtad principal era para el Señor y que seguiría a Cristo por encima de todo, incluso de él. Aunque su abandono ha resultado más difícil de lo que había imaginado jamás, ha llegado a conocer la gracia y paz de Dios en formas que no tienen explicación. Aunque está asustada ante la perspectiva de tener que hacerlo todo sola, en realidad no está sola. De esto sí está totalmente segura: Su Señor nunca la abandonará. ¡Nunca! Siempre cumple sus promesas. Todo lo puede por medio de Cristo.

Los escenarios de la vida real proporcionan una forma excelente de definir aplicaciones específicas que sean por un lado fieles al significado original del texto y a la vez relevantes para la vida contemporánea. Este método funciona bien sobre todo al interpretar las historias bíblicas ya que no obliga a crear escenarios completamente nuevos. En vez de ello, es volver a contar la historia bíblica a la audiencia contemporánea (un método que a menudo recibe el nombre de *contemporización*). Para contemporizar una historia bíblica se cuenta de nuevo la historia de manera que el efecto en la audiencia contemporánea equivalga al efecto en la audiencia original. Trasladamos el significado de la historia a nuestro propio contexto y reproducimos sus efectos en la audiencia contemporánea.

Se impone una palabra de cautela en cuanto a los escenarios de la vida real. Hay que estudiar con sumo cuidado el pasaje bíblico, en especial los contextos histórico-cultural y literario, de manera que el escenario de la vida real que elaboremos refleje el significado del texto bíblico. De lo contrario, haremos una aplicación específica para un texto bíblico que no existe. Se requiere disciplina, mucho trabajo y creatividad para conseguir un escenario o para contar de nuevo una historia en una forma que sea tanto relevante para la audiencia contemporánea como fiel al significado original. Debemos trabajar todo lo que haga falta para que el escenario que presentemos refleje ese significado.

Conclusión

Nuestro método para la interpretación de la Biblia se centra en la *intención del autor* y no en la *reacción del lector*. Dios se ha comunicado con nosotros por medio de las Escrituras. Lo ha hecho por medio de autores humanos para transmitirnos su significado por medio del texto. Como lectores, no creamos el significado; antes bien, tratamos de encontrar el significado que el autor (tanto divino como humano) ya ha incluido en el texto. Por esto es tan importante entender bien lo que es una lectura cuidadosa, el trasfondo histórico, el contexto literario y las traducciones. Estos son los elementos en los que tenemos que profundizar si queremos determinar lo que Dios, el autor, quiso decir.

Esto también concluye nuestro método de aplicar el significado de la Biblia. Como el carácter de Dios y la naturaleza humana no cambian, ¡su Palabra sigue siendo relevante! Nuestro enfoque a partir de principios nos ofrece una forma de hacer la travesía a través de la Palabra de Dios que es relevante para todas las generaciones, no solo para nosotros, sino también para nuestros hijos, nuestros nietos, nuestros biznietos, etc.

Algunos podrían sentirse preocupados porque este método podría limitar nuestra libertad para aplicar las Escrituras. Recordamos que, como lectores fieles, nuestra responsabilidad no es inventar significados nuevos sino aplicar el significado que se ha plasmado en el texto bíblico. No hay por qué preocuparse. Siempre podremos encontrar una serie de situaciones parecidas en nuestra vida o en nuestro mundo que contengan todos los elementos clave. Y cuando encontramos un parecido genuino, también podemos tener la confianza de que estamos aplicando el verdadero significado del texto bíblico. De igual modo, no hay que tener miedo de lograr aplicaciones específicas con la ayuda de escenarios de la vida real que concibamos o de contemporizar una historia bíblica. Las personas necesitan ilustraciones y ejemplos de cómo puede vivirse el significado en la realidad de la vida. Dios desea que su Palabra penetre hasta lo más profundo de nuestro corazón y mente y que transforme nuestra manera de vivir.

Antes de pasar a los capítulos siguientes en los que aprenderemos cómo interpretar los diferentes tipos literarios que se encuentran en el Nuevo Testamento, tenemos que recordar en primer lugar cuál es la razón principal de acudir a la Biblia. Estudiamos la Escritura no solo para aprender más *acerca* de Dios, sino para *conocer y amar más a Dios*. Nos dio su Palabra no solo para llenar nuestras cabezas con hechos bíblicos, sino para cambiar nuestras vidas. La simple intención del Autor divino es que comprendamos la Palabra de Dios y luego la apliquemos. O, como Jesús dijo en Juan 14:21: «¿Quién es el que me ama? El que hace suyos mis mandamientos y los obedece».

Preguntas para analizar

1. ¿Por qué es tan importante la cuestión de quién determina el significado (el autor o el lector) en el caso del estudio de la Biblia?
2. ¿Por qué es importante el tema de la comunicación para la discusión de la intención del autor?
3. En el proceso de aplicación, ¿por qué es crucial observar *todos* los elementos clave que surgen del cruce del principio teológico del pasaje y la situación original?

Tarea escrita

Lea la parábola de Jesús del Buen Samaritano en Lucas 10:30-35. Contemporice la parábola escribiendo una historia propia que cuente la historia original de manera que el efecto sobre la audiencia contemporánea equivalga al efecto sobre la audiencia original.

*E*nterradas en la parte alta de un armario en la casa de los Duvall hay dos cajas de zapatos, llenas de papeles sentimentaloides. Por dos años, antes de que Scott y Judy se casaran, vivían a quinientos kilómetros de distancia el uno de la otra y sobrevivían gracias a llamadas telefónicas, a viajes ocasionales y a muchas cartas. Las dos cajas de zapatos están llenas de esas cartas de amor. Algunas son cortas, otras largas; algunas informativas, otras juguetonas; unas serias, otras tontas; pero todas son piezas valiosas de información entre dos personas que se amaban (y siguen amándose) mucho.

Las cartas desempeñan un papel importante en la vida. ¿Cómo nos sentimos cuando recibimos por correo una nota de alguien? ¿Qué de la carta que nos informaba que habíamos sido admitidos a nuestra universidad preferida? ¿Y qué de la larga carta llena de consejos de un padre, una madre o un amigo muy querido? Hay cartas de negocios, cartas legales, cartas médicas, cartas personales, etc. Ya sea por correo electrónico, por mensaje de texto, con papel membretado, en papeles personales, o en el anverso de una servilleta, escribimos notas y cartas para comunicar lo que pensamos y cómo nos sentimos.

Claro que las cartas anteceden mucho al noviazgo de los Duvall. Se utilizaron mucho en el mundo antiguo y constituyen una parte destacada de nuestro Nuevo Testamento. Veintiuno de los veintisiete libros del Nuevo Testamento son cartas (cerca del 35 por ciento de todo el Nuevo Testamento)15. La mayor parte de los estudiosos evangélicos concuerdan en que Pablo, Santiago, Pedro, Juan, Judas y el autor de Hebreos (quién prefirió permanecer en el anonimato) son los autores de esas veintiuna cartas.

Pablo	¿?	Santiago	Pedro	Juan	Judas
Romanos	Hebreos	Santiago	1 Pedro	1 Juan	Judas
1 Corintios			2 Pedro	2 Juan	
2 Corintios				3 Juan	
Gálatas					
Efesios					
Filipenses					
Colosenses					
1 Tesalonicenses					
2 Tesalonicenses					
1 Timoteo					
2 Timoteo					
Tito					
Filemón					

Características de las cartas del Nuevo Testamento

Las cartas del Nuevo Testamento suelen *ser más largas* que sus equivalentes antiguas por cuando los primeros líderes cristianos necesitaban más espacio para llevar a cabo su labor misionera y pastorear sus rebaños desde lejos. Necesitaban más espacio para decir hola y hasta luego, poner a sus lectores al corriente, animarlos e instruirlos, abordar asuntos difíciles, poner sobre aviso contra falsas enseñanzas y mucho más. De igual modo, algunas cartas del Nuevo Testamento son más formales (p.ej. Romanos, Efesios, Hebreos, Santiago y 1 Pedro) mientras que otras lo son menos (p.ej. Filemón, 2 Juan y 3 Juan).

Las cartas de nuestro Nuevo Testamento se consideraban *sustitutos con autoridad* al no estar en persona hombres como Pablo, Pedro y Juan. Cuando estos apóstoles y otros líderes no podían abordar un problema o hacer frente a una situación en persona, optaban por la mejor alternativa: escribían una carta. Esta ofrecía una modalidad que permitía a los primeros líderes cristianos expresar sus puntos de vista y llevar a cabo su ministerio a distancia. Esas cartas era sustitutos con autoridad de los líderes mismos (p.ej., Gá 1:1; Efesios 1:1; 2 P 1:1). Sus cartas de instrucción, advertencia y aliento transmiten autoridad porque escriben como auténticos representantes de Cristo.

Las cartas del Nuevo Testamento son *ocasionales* o *situacionales*, lo que quiere decir que se escribieron para enfrentar situaciones o problemas específicos relacionados con el autor o (de ordinario) con los lectores. Quienes escribieron las cartas del Nuevo Testamento lo hicieron para satisfacer las necesidades prácticas de quienes las recibían (p.ej., aclarar un asunto, abordar un problema doctrinal o enfrentar a lectores en cuanto a su comportamiento). En consecuencia, al interpretar las cartas del Nuevo Testamento debemos ser cautelosos de no llegar a demasiadas conclusiones solo a partir de una carta y debemos procurar, en primer lugar, reconstruir lo mejor que podamos la situación que dio pie a la carta.

Las cartas del Nuevo Testamento fueron *escritas y entregadas con cuidado*. La tarea misma de escribir una carta solía asignarse a un escriba o secretario con preparación (*amanuensis*). En Romanos 16:22, incluso se identifica al secretario: «Yo, Tercio, que escribo esta carta, los saludo en el Señor». Esto no quiere decir que Tercio fuera el autor de Romanos, sino que fungió como secretario de Pablo en ese caso. De igual modo, algunas cartas del Nuevo Testamento a menudo incluían co-autores. (p.ej., Timoteo, Silas, Sóstenes) que desempeñaron un papel importante en el ministerio entre las personas a quienes se dirigía la carta.

Una vez preparada la versión final, se enviaba. Los ciudadanos comunes dependían en gran parte de personas que fueran a viajar al lugar donde debía llegar la carta. Pablo utilizó a amigos de confianza como Tíquico para llevar sus cartas (p.ej. Efesios 6:21-22; Colosenses 4:7-9). Las cartas suponían esfuerzos costosos y era importante tener portadores de confianza, no solo para entregar con seguridad la carta sino también para explicar detalles de la misma en persona.

Las cartas del Nuevo Testamento iban *destinadas a la comunidad cristiana para que las utilizaran*. Tenían el propósito de que se leyeran en voz alta una y otra vez ante congregaciones concretas. Solemos leer la Biblia en silencio, para nosotros mismos. Pero, por toda una serie de razones, las personas del siglo I preferían que se les leyeran sus cartas en voz alta. Ante todo, las cartas eran demasiado valiosas para prestárselas a familias o personas individuales. Asimismo, los cristianos judíos estaban acostumbrados, desde cuando frecuentaban sinagogas, a escuchar en sus reuniones la lectura en voz alta de las Escrituras. Y, claro está, muchos cristianos no sabían leer.

En consecuencia, se solían presentar las cartas de manera oral para beneficio de todo un grupo. Vislumbramos esto en el libro de Apocalipsis, donde se pronuncia una bendición sobre la persona que lee (en voz alta) las palabras de la profecía ante la congregación que escucha (ver Ap 1:3).

Cómo interpretar las cartas del Nuevo Testamento

Para interpretar una carta del Nuevo Testamento, regresamos a los cuatro pasos de la Expedición Interpretativa que analizamos en el capítulo 1.

Paso 1: Comprender el texto en su contexto original. ¿Qué significó el texto para la audiencia bíblica?

Conviene sacar una primera impresión de la carta toda, y la mejor forma de hacerlo es leerla de una sola sentada. Tanto las cartas antiguas como las contemporáneas se debían leer de principio a fin. No debemos permitir que la división de la Biblia en capítulos y versículos nos induzca a ir leyendo solo pequeños fragmentos de la misma en forma aislada.

Como las cartas son ocasionales o situacionales, el paso siguiente para descubrir qué significó el texto para la audiencia bíblica es reconstruir el contexto histórico-cultural del autor bíblico y su audiencia. Podemos utilizar una buena Biblia de estudio, junto con diccionarios y comentarios de la Biblia, para averiguar acerca del autor, de la audiencia y de sus circunstancias, así como el propósito de la carta. Luego resumimos lo que hemos reconstruido de la situación en uno o dos párrafos.

Después de tener ya una idea acerca de la situación del autor y de los receptores, es preciso identificar el contexto literario del pasaje que se está estudiando. En el caso de las cartas del Nuevo Testamento, no dejemos de *¡pensar en párrafos!*16. Hay que resumir el punto principal del párrafo que precede de inmediato a nuestro pasaje, el que contiene nuestro pasaje y el que viene inmediatamente después. Debemos descubrir cómo estos se interconectan para comunicar el mensaje del autor. Conviene concentrarnos bien y leer el texto con sumo cuidado (recordemos lo aprendido en los capítulos 2 y 3). Fijémonos en los detalles. Advirtamos las conexiones importantes. Por último, redactemos en una frase lo que este pasaje significó para la audiencia del siglo I.

Paso 2: Medir la anchura del río que hay que cruzar. ¿Cuáles son las diferencias entre la audiencia bíblica y nosotros?

En las cartas del Nuevo Testamento, el río de diferencias no suele ser ancho. Sin embargo, incluso en estas cartas el río puede a veces constituir un reto. Aunque fueron escritas a cristianos como nosotros, a veces trataban de situaciones que nos son completamente ajenas. Después de examinar el pasaje en estudio, podemos escribir un párrafo que describa las diferencias que definen la anchura del río que debemos cruzar.

Paso 3: Cruzar el puente de principios. ¿Qué principios teológicos se encuentran en este texto?

Aquí estamos buscando los principios teológicos que se reflejan en el significado del texto que identificamos en el Paso 1. Dios no solo expresa en forma específica el significado para los destinatarios del tiempo bíblico, sino que también envía un mensaje teológico más amplio por medio de estos mismos textos a todo su pueblo. A la luz de en qué forma nuestra situación se compara y difiere de la situación de los destinatarios bíblicos, debemos tratar de identificar los principios teológicos reflejados en el texto. Se puede escribir el principio (o principios) en una o dos frases, utilizando el verbo en tiempo presente.

En su libro *Applying the Bible*, Jack Kuhatscheck menciona tres preguntas que pueden ayudarnos a ubicar el principio teológico en el pasaje17. (1) ¿Propone el autor un principio? A menudo en las cartas del Nuevo Testamento el autor presenta su mensaje bajo la forma de un principio teológico (p.ej., Efesios 6:1: «Hijos, obedezcan en el Señor a sus padres, porque esto es justo»).

(2) ¿Revela el contexto más amplio un principio teológico? A veces el autor propondrá un principio teológico en el contexto circundante. Por ejemplo, en Efesios 5:21 Pablo escribe: «Sométanse unos a otros, por reverencia a Cristo». A continuación de este principio general ofrece ejemplos específicos de cómo las personas en los hogares antiguos deben someterse unos a otros (esposas/esposos, hijos/padres, esclavos/amos).

(3) Debemos preguntar por qué se propuso un mandato o instrucción concreto. A veces cuando encontramos el porqué del mandato o instrucción, también encontramos el principio teológico. En Gálatas 5:2 Pablo escribe: «Yo, Pablo, les digo que si se hacen circuncidar, Cristo no les servirá de nada». Cuando preguntamos por qué el apóstol advierte a los gálatas en contra de la circuncisión, encontramos el principio teológico de que las personas no pueden alcanzar la aceptación de Dios con el cumplimiento de la ley ni con el esfuerzo humano (simbolizado por la circuncisión). La gracia de Dios se otorga como un don.

Después de haber escrito nuestro principio o principios en una o dos frases utilizando el verbo en tiempo presente, hagamos las preguntas siguientes para determinar si en verdad hemos descubierto un principio teológico:

- ¿Se refleja el principio en el texto bíblico?
- ¿Es el principio atemporal en vez de estar ligado a una situación específica?
- ¿Está el principio condicionado por la cultura?[18].
- ¿Es coherente el principio con la enseñanza en el resto de la Escritura?
- ¿Es el principio relevante tanto para la audiencia bíblica como para la contemporánea?

Los principios teológicos ofrecen un puente para cruzar el río de las diferencias históricas y culturales que separan al texto antiguo de la audiencia contemporánea.

Paso 4: Comprender el texto en nuestro contexto. ¿Cómo deben los cristianos aplicar hoy los principios teológicos a sus vidas?

En la última fase de la interpretación de una carta del Nuevo Testamento, aplicamos el principio o principios teológicos a los cristianos actuales. Recordemos que si bien estos principios vienen determinados por el significado del texto, pueden aplicarse hoy en una serie de formas diferentes. Hay tres pasos: (1) Observar cómo los principios teológicos en el texto bíblico enfrentan la situación de aquel momento. Identificamos los elementos clave que están presentes en el cruce entre el principio y la situación.

(2) Buscamos una situación en nuestra vida o nuestro mundo que contenga todos los elementos clave. Cuando encontramos esas situaciones contemporáneas equivalentes, podemos sentirnos seguros de que estamos aplicando el significado del texto bíblico.

(3) Debemos conseguir que nuestras aplicaciones sean específicas creando escenarios de la vida real que son por un lado fieles al significado del texto y por el otro relevantes para la audiencia contemporánea. Recordemos que para hacer de veras la Expedición a través de la Palabra de Dios, debemos obedecer lo que aprendemos.

Conclusión

Nada en la vida sería igual sin cartas. Las utilizamos para comunicar nuestros pensamientos y sentimientos más profundos, algunos de los cuales pueden ser más bien sentimentaloides. Cuando leemos las veintiuna cartas del Nuevo Testamento, vislumbramos la labor práctica y de avanzada de los primeros formadores de discípulos. Estas cartas sirvieron como sustitutos autorizados de líderes que no siempre podían realizar su ministerio en persona. Se escribieron para enfrentar situaciones específicas y satisfacer las necesidades prácticas de los lectores.

Cuando leemos una carta del Nuevo Testamento, recordemos que es una carta y no una guía telefónica. Las cartas son para leerlas desde el principio hasta el fin, de la misma forma que leemos una carta personal hoy. Tomemos en serio su situación histórico-cultural y démosle gran prioridad a descubrir el flujo del pensamiento del autor (o sea, el contexto literario). Luego utilicemos el puente de principios para cruzar el río de las diferencias y aplicar el significado del texto bíblico a nuestra vida.

Las cartas del Nuevo Testamento constituyen una ventana que permite ver las luchas y triunfos de la iglesia primitiva. Proveen instrucción y consejos inspirados para que vivamos una vida piadosa, y por ello podemos sentirnos agradecidos para siempre. Cerramos este capítulo con un final típico de cartas del Nuevo Testamento: «Que la gracia de Dios esté con ustedes. Amén».

Preguntas para analizar

1. ¿En qué forma ayuda para evitar malas interpretaciones conocer la naturaleza situacional de las cartas del Nuevo Testamento?
2. ¿Recuerda un ejemplo en que las divisiones en capítulos y versículos han conducido a una mala interpretación común de la Escritura?
3. Determinar si hemos descubierto de verdad un principio teológico es un paso muy significativo. ¿Cuál es la diferencia entre un principio teológico y una aplicación práctica?

Tarea escrita

Tomemos uno de los pasajes siguientes para recorrer los cuatro pasos de la Expedición Interpretativa explicada e ilustrada en este capítulo:

- Romanos 8:26-27
- 1 Corintios 11:27-32
- Gálatas 5:18-18
- Colosenses 3:1-4
- 2 Timoteo 3:16-17
- Hebreos 4:12-13
- 1 Pedro 5:6-7

E n el corazón mismo de nuestra fe está una persona: Jesucristo. Hizo milagros y pronunció «palabras de vida eterna» (Juan 6:68). Pero algo que Jesús nunca hizo fue publicar su autobiografía. Al no tener un libro que Jesús mismo nos dejara, ¿cómo saber de él?

Nuestro testimonio más directo acerca de Jesús nos llega de los cuatro evangelios canónicos: Mateo, Marcos, Lucas y Juan. Estos cuatro libros abarcan casi la mitad del Nuevo Testamento en cuanto a porcentaje. En ellos, los primeros seguidores de Jesús nos ofrecen algo parecido a una biografía de Jesús. Los cuatro son importantes porque nos cuentan la historia de Jesús, el unigénito Hijo de Dios.

Comenzamos este capítulo respondiendo a la pregunta «¿Qué son los Evangelios?», para saber cómo leerlos según la intención de sus autores. Una vez entendamos la naturaleza de los Evangelios, podemos aprender mejor cómo interpretarlos de hecho.

¿Qué son los Evangelios?

El término *evangelio* es traducción de la palabra griega *euangelion*, que significa «buenas nuevas». Primero y por encima de todo, los Evangelios son historias. Son historias elocuentes, interesantes e importantes de Jesús. Pero como historias, los Evangelios no son exactamente como las biografías modernas (p.ej., no abarcan toda la vida de Jesús, sino que pasan de su nacimiento a su ministerio público). Con frecuencia los autores ordenan las acciones de Jesús por temas más que por cronología e informan de lo que Jesús dijo en una serie de modalidades.

Pero solo porque los Evangelios difieren de las biografías modernas no quiere decir que no sean biografías. Solo significa que no son biografías *modernas*. Los biógrafos antiguos se guiaban por un conjunto diferente de normas. Los biógrafos antiguos solían seguir un esquema simple, comenzando con el nacimiento o llegada del personaje principal y concluyendo con su muerte. El material entre el nacimiento y la muerte del personaje principal incluía historias y dichos que el autor escogía y ordenaba para contar a la audiencia algo importante acerca del personaje.

Los que han dedicado algún tiempo a la lectura de los Evangelios, habrán advertido que, aunque los cuatro cuentan básicamente la misma historia, los detalles varían de un Evangelio a otro. En realidad tenemos cuatro versiones diferentes de la única historia de Jesús. Aquellos de nosotros que parece que estamos encasillados en el rigor cronológico, esta diversidad nos puede crear problemas. Por ejemplo, ¿cómo entendemos que Marcos y Lucas cambien el orden de la segunda y tercera tentaciones de Jesús (cf. Mt 4:5-10 con Lc 4:5-13)?

En una esfera más amplia, a veces encontramos variaciones considerables en el orden en que se presentan los mismos acontecimientos en los tres primeros Evangelios. A Mateo, Marcos y Lucas se los suele llamar los *Evangelios Sinópticos* por cuanto pueden «verse en conjunto» cuando se los sitúa uno al lado del otro (*sin* significa *juntos*; *optico* significa *ver*). Juan toma un camino del todo diferente. En el cuadro se puede ver cómo los tres primeros autores de evangelios colocan los mismos hechos y relatos en un orden algo diferente en sus respectivos evangelios[19].

Acontecimiento	Mateo	Marcos	Lucas
Limpieza del leproso	8:1-4	1:40-45	5:12-16
Centurión de Capernaúm	8:5-13	no lo incluye	7:1-10
Suegra de Pedro	8:14-15	1:29-31	4:38-39
Enfermo sanado	8:16-17	1:32-34	4:40-41
Seguir a Jesús	8:18-22	no lo incluye	9:57-62

Calmar la tempestad	8:23-27	4:35-41	8:22-25
Gadareno endemoniado	8:28-34	5:1-20	8:26-39
Curación del paralítico	9:1-8	2:1-12	5:17-26
Llamamiento de Mateo	9:9-13	2:13-17	5:27-32
Pregunta sobre el ayuno	9:14-17	2:18-22	5:33-39
Jairo y la mujer	9:18-26	5:21-43	8:40-56

Debemos comenzar por reconocer que los autores de los Evangelios (como cualquier periodista o historiador) pudieron no contar todo lo que se hubiera podido decir de Jesús. Juan así lo reconoce en la frase final de su evangelio (21:25): «Jesús hizo también muchas otras cosas, tantas que, si se escribiera cada una de ellas, pienso que los libros escritos no cabrían en el mundo entero». o había tiempo suficiente ni suficiente espacio en el rollo de pergamino para contar la historia completa. En consecuencia, bajo la dirección del Espíritu, los autores de los Evangelios decidieron qué incluir y qué omitir, así como de qué manera organizar el material de una forma que comunicara de manera efectiva las buenas nuevas a sus contemporáneos.

Como biógrafos antiguos, los autores de los Evangelios se sintieron en libertad de parafrasear o resumir lo que Jesús dijo y ordenar los hechos de acuerdo con un tema concreto en vez de hacerlo en un orden cronológico estricto. En su prólogo (Lc 1:1-4), Lucas afirma que utilizó testimonios de testigos oculares y minuciosa investigación para contar la historia de Jesús.

El propósito de cada uno de los autores de los Evangelios fue contar la historia de Jesús en una forma fiel, y siempre relevante y persuasiva para sus lectores. En lugar de ver las diferencias entre los relatos como errores en lo que cuentan, debemos verlas como ilustraciones de los diferentes propósitos teológicos y énfasis de los autores de los Evangelios. Una vez que tomamos conciencia de que estos autores actuaron bajo normas literarias antiguas y no modernas, muchas de las llamadas discrepancias entre los Evangelios desaparecen.

¿Adónde nos conduce todo esto? Debemos comprender el género del evangelio para poder leerlo de manera acertada. Los cuatro Evangelios son similares en muchas formas a las biografías antiguas, pero son más que biografías antiguas. Por centrarse en la vida y enseñanzas de Jesús, podemos describir con acierto los Evangelios como *biografía centrada en Jesús*. Nos cuentan la historia con el fin de enseñar a sus lectores algo acerca de la persona y misión de Jesús. Los autores de los Evangelios escogieron y ordenaron su material acerca de Cristo con el fin de comunicar a su audiencia una verdad teológica. Toda narración tiene un propósito concreto, y el propósito de Mateo, Marcos, Lucas y Juan está totalmente centrado en Cristo.

Esto nos conduce a los dos propósitos primarios que tuvieron en mente los autores cuando escribieron sus Evangelios. (1) Han seleccionado y ordenado el material para contar la historia de Jesús. (2) Por medio de la historia de Jesús, estaban diciendo algo importante a sus primeros lectores. Como el Espíritu Santo vio como adecuado inspirar los Evangelios de esta manera, debemos adoptar una forma de leerlos que armonice con el método que utilizaron sus autores.

¿Cómo debemos leer los Evangelios?

Nuestro método de leer los Evangelios debe respetar en primer lugar los medios que Dios utilizó para inspirarlos. Sus autores están diciendo algo acerca de Jesús *en* cada episodio y están diciendo algo *con la forma* de relacionar las historias más pequeñas para formar la historia mayor.

Para llegar a un método de leer los Evangelios que armonice con los medios de la comunicación de Dios, podemos cambiar estos dos propósitos centrales que mencionamos antes a dos sencillas preguntas interpretativas. (1) ¿Qué nos dice esta breve historia acerca de Jesús? (2) ¿Qué trata de decir el autor del Evangelio a sus lectores con la forma de relacionar entre sí las historias más breves? El cuadro que sigue describe las dos preguntas interpretativas centrales para leer los Evangelios.

Episodio 1	Episodio 2	Episodio 3
¿Cuál es el mensaje central de este episodio?	¿Cuál es el mensaje central de este episodio?	¿Cuál es el mensaje central de este episodio?
Episodios 1, 2 y 3		
¿Qué está tratando de comunicar el autor del Evangelio a sus lectores según la forma de conectar estas historias?		

Tomemos como ejemplo la conocida historia de María y Marta en Lucas 10:38-42. El Paso 1 es leer cada episodio y comprender su principal mensaje (ver más adelante).

Lucas 10:25-37	Lucas 10: 38-42	Lucas 11:1-13
Vemos que el amor al prójimo debe trascender todos los límites humanos como nacionalidad, raza, religión o posición económica.	Aquí descubrimos que hacer cosas buenas para Dios a veces puede conducir a que no veamos a Dios mismo. El deseo de Marta de preparar una cena para Jesús la hace perder de vista lo mejor: escuchar a Jesús.	Jesús nos enseña a comunicarnos con Dios por medio de la oración (11:1-4). A esto le sigue una parábola sobre la oración (11:5-8) y una exhortación a orar (11:9-13).

En el Paso 2 debemos colocar el episodio de Marta y María en Lucas 10:38-42 al lado de los episodios circundantes para ver qué está tratando Lucas de comunicar con la forma en que ha reunido estas tres historias. Examinemos los resúmenes de arriba y pensemos qué tienen en común estas tres historias. ¿Vemos alguna conexión? Esto es lo que encontramos.

Lucas 10:25-37; 10:38-42; 11:1-13
El tema común parece que es las relaciones. En la primera historia se nos dice que los seguidores de Jesús deben ser prójimos que amen a las personas en necesidad. En nuestra segunda historia se nos enseña que escuchar a Jesús tiene más prioridad que las «actividades religiosas». Por último Lucas insiste en nuestra relación con Dios en 11:1-13. Los seguidores de Jesús deben saber cómo relacionarse con su prójimo (servicio), cómo relacionarse con el Señor Jesús (devoción) y cómo relacionarse con el Padre (oración).

Formas literarias especiales en los Evangelios

Como Maestro, a Jesús nunca se le hubiera acusado de ser aburrido. Una explicación es que era un maestro tan agradable que transmitía su mensaje por medio de toda una gama de formas y técnicas literarias[20]. No podemos presentarlas todas, pero sí queremos ofrecer algunas directrices para entender el uso que hace Jesús de la hipérbole, la metáfora y el símil, la ironía, las preguntas retóricas y las parábolas.

Hipérbole

Como maestro experto, Jesús por lo general utilizó la hipérbole (también llamada «exageración») para establecer una conexión elocuente con sus oyentes y para dejar bien claro lo que decía. Se da la hipérbole cuando se agranda una verdad para conseguir algún efecto hasta tal punto que un cumplimiento literal resulta imposible o parece totalmente ridículo. Afirmaciones como «Estudié para este examen por una eternidad» o «Tengo tanta hambre que me podría comer una vaca» son ejemplos de hipérbole. He aquí dos ejemplos tomados de los Evangelios.

> Por tanto, si tu ojo derecho te hace pecar, sácatelo y tíralo. Más te vale perder una sola parte de tu cuerpo, y no que todo él sea arrojado al infierno. Y si tu mano derecha te hace pecar, córtatela y arrójala. Más te vale perder una sola parte de tu cuerpo, y no que todo él vaya al infierno. (Mt 5:29-30)

Hijos, ¡qué difícil es entrar en el reino de Dios! —repitió Jesús—. Le resulta más fácil a un camello pasar por el ojo de una aguja, que a un rico entrar en el reino de Dios. (Mr 10:24b-25)

Cuando encontramos exageraciones en los Evangelios, no hay que forzar una interpretación literal, porque, de hacerlo, nos perderíamos el verdadero significado. Debemos tomarlo en serio, pero no siempre en forma literal. El lenguaje figurado puede transmitir un significado (y su correspondiente aplicación) tan radical como el sentido literal.

Cuando nos encontramos con exageraciones, hagamos esta sencilla pregunta: «¿Cuál es en este caso el asunto?». En Mateo 5:29-30 Jesús está diciendo a sus seguidores que tomen medidas drásticas para evitar el pecado sexual. En Marcos 10:24b-25 Jesús utiliza la hipérbole para destacar lo difícil que les resultará entrar en el reino de Dios a las personas que solo se preocupan por las riquezas terrenales; más difícil, podríamos decir, que introducir un autobús escolar por el ojo de una cerradura.

Metáfora y símil

Cuando Jesús dice a sus discípulos, «Ustedes son la sal de la tierra» (Mt 5:13), o a los maestros de la ley y a los fariseos, «Son como sepulcros blanqueados» (Mt 23:27), está utilizando una metáfora y un símil, respectivamente. Ambos recursos literarios establecen comparaciones. Al interpretar metáforas y símiles, hay que ubicar el punto de la comparación. A los discípulos se les compara con la sal para subrayar la responsabilidad de penetrar y detener el deterioro en la sociedad. Se compara a los maestros de la ley y a los fariseos a sepulcros blanqueados en el sentido de que su aspecto externo encubre el deterioro espiritual que se está dando por debajo.

Es fácil captar la idea. Hay que encontrar la comparación que el autor quiso y con ello hemos encontrado el significado de la metáfora o símil.

Ironía narrativa

La ironía se basa en el principio del contraste entre lo que se espera y lo que en realidad sucede. Se podría decir que la historia sufre un giro inesperado. Alguien que escuche la historia de María y de Marta por primera vez podría esperar que Jesús le dijera a María que se levantara y fuera a ayudar a su hermana; pero, como sabemos, así no fue como sucedió. Cuando cae la oscuridad en Marcos 4-5, el hombre poseído por un demonio, totalmente fuera de control, ha sido devuelto a su recta razón, mientras que los cerdos poseídos por los demonios (una combinación horrorosa en especial para los judíos) regresan al mar, el mismo mar que produjo la tempestad con la que se habían encontrado los discípulos.

El propósito interpretativo primordial es en primer lugar notar la ironía. Después de haberla identificado, hay que tomarse un tiempo para reflexionar acerca del giro inesperado de los hechos. ¿Qué contrastes se ven? ¿Qué diríamos si las cosas hubieran terminado como se esperaba? ¿Qué revela el giro de la historia acerca de nuestras expectativas?

Preguntas retóricas

A Jesús le gustaban las preguntas retóricas, preguntas que tienen como fin subrayar algo en lugar de buscar una respuesta. He aquí dos ejemplos:

> Si ustedes aman solamente a quienes los aman, ¿qué recompensa recibirán? (Mt 5:46)

> ¿Quién de ustedes, por mucho que se preocupe, puede añadir una sola hora al curso de su vida? (Mt 6:27)

Jesús no plantea la pregunta retórica para que se la respondan, sino más bien para afirmar algo con fuerza de una manera creativa. La mejor forma de abordar preguntas retóricas es convertirlas en afirmaciones. Así podríamos transformar los ejemplos citados en afirmaciones:

> No conseguirán ninguna recompensa si aman solo a los que los aman. (Mt 5:46)

Con preocuparse no pueden añadir ni siquiera una hora más a su vida. (Mt 6:27)

Al convertir las preguntas retóricas en afirmaciones veremos con claridad lo que Jesús quiso comunicar.

Parábolas

Una de las técnicas literarias que Jesús prefirió es la parábola. Es probable que conozcamos bien las historias del buen samaritano, del hijo pródigo, del trigo y la cizaña, para mencionar solo unas pocas de las parábolas más famosas de Jesús. Una parábola es una historia con dos niveles de significado, donde ciertos detalles en la historia representan otra cosa (p.ej., en la parábola del hijo pródigo, el padre representa a Dios). La dificultad está en saber cuántos detalles en la historia representan a otras cosas.

A lo largo de los siglos algunos cristianos se han tomado muchas libertades con las parábolas al hacer que cada detalle de la historia represente algo. Quizá el ejemplo más conocido de esta conversión en alegoría es la forma cómo el líder de la iglesia primitiva, Agustín, trata la parábola del buen samaritano.[21]

el hombre que se dirigía a Jericó	=	Adán
Jerusalén	=	la ciudad celestial de la que Adán cayó
Jericó	=	a luna (la mortalidad de Adán)
ladrones	=	el demonio y sus ángeles
lo despojan	=	le quitan su inmortalidad
lo golpean	=	lo convencen para que peque
lo abandonan medio muerto	=	como hombre vive, pero está muerto espiritualmente, por tanto está medio muerto
el sacerdote y el levita	=	el sacerdocio y el ministerio del Antiguo Testamento
el Samaritano	=	Cristo mismo
venda las heridas	=	venda la represión del pecado

vino	=	exhortación a trabajar con espíritu ferviente
caballo	=	la carne de la encarnación de Cristo
la posada	=	la iglesia
dos denarios	=	promesa de esta vida y la vida venidera
el posadero	=	el apóstol Pablo

Es fácil darse cuenta de lo problemático que puede resultar este enfoque.

Desde finales del siglo XIX, la mayoría de los estudiosos del Nuevo Testamento han insistido en que cada una de las parábolas en esencia destaca un asunto, que suele encontrarse hacia el final. Esto ha constituido un cambio acertado respecto al enfoque alegórico que utilizaron Agustín y otros. Pero ¿restringe la «regla de un asunto» el significado más que lo que Jesús hubiera querido?

Tomemos, por ejemplo, la parábola del hijo pródigo. ¿Cuál es el asunto? ¿Se refiere el asunto que nos viene a la mente al hijo rebelde, al hermano resentido o al padre que perdona? ¿Querríamos de verdad tomar solo uno y decir que Jesús no quiso destacar nada respecto a los otros dos? El concepto de solo un asunto nos parece inadecuado. Después de todo, no hay muchas historias, de la clase que sean, que se limiten a plantear una sola cosa.

Hace poco el erudito evangélico Craig Blomberg propuso un método balanceado de interpretar las parábolas[22]. Las parábolas de Jesús no deben alegorizarse hasta el último detalle microscópico, pero tampoco deben limitarse a solo un asunto. De acuerdo con Blomberg sugerimos dos principios para interpretar las parábolas de Jesús. (1) Buscar un asunto principal para cada personaje principal o grupo de personajes. La mayor parte de las parábolas plantearán un asunto, quizá dos, pero lo usual será que no haya más de tres. Los demás detalles están presentes para resaltar la historia. Si vemos la parábola del hijo pródigo (Lc 15:11-32), podemos ver cómo esta directriz interpretativa nos ayuda a identificar tres asuntos principales, uno para cada personaje principal:

Hijo rebelde	Los pecadores pueden confesar sus pecados y acudir a Dios con arrepentimiento
Padre que perdona	Dios ofrece perdón a personas que no se lo merecen
Hijo rencoroso	Quienes dicen ser el pueblo de Dios no deben resentirse cuando Dios extiende su gracia a quienes no la merecen.

(2) Los asuntos principales que descubrimos deben ser los que la audiencia original de Jesús habría captado. Si llegamos a un punto que la audiencia de Jesús no podría entender, lo más probable es que andemos errados. Esta directriz pretende impedir que atribuyamos a las parábolas de Jesús lo que nunca él quiso atribuirles.

Siempre que leamos los Evangelios, debemos reflexionar acerca de cómo aplicar su mensaje a nuestra vida. Cuando en verdad captamos la Palabra de Dios, hacemos algo más que leer e interpretar: permitimos que las grandes verdades que Jesús enseñó penetren en nuestro corazón y mente y produzcan una gran diferencia en cómo vivimos.

Preguntas para analizar

1. ¿Cómo armoniza nuestro enfoque al leer los Evangelios con los medios que Dios utilizó en los Evangelios para comunicarse?
2. A menudo descuidamos advertir lo que el autor del Evangelio está tratando de decir a sus lectores con la forma en que reúne historias más pequeñas. ¿Estamos en verdad descuidando algo con esta omisión? ¿Por qué o por qué no?

3. ¿En qué forma el enfoque de «un asunto en cada personaje principal» en las parábolas es superior al enfoque de «un solo asunto»?

Tarea escrita

Aplicar los dos pasos interpretativos que utilizamos para leer los Evangelios a Mateo 24:43-25:13 o a otra sección de los Evangelios que haya escogido su maestro.

Mientras que tenemos cuatro versiones de la vida y ministerio de Jesucristo (los cuatro Evangelios), solo tenemos un relato del nacimiento y crecimiento de la iglesia primitiva. Esto hace que Hechos, nuestra única historia acerca de la difusión del cristianismo por el mundo del Nuevo Testamento, sea ¡único e indispensable! Este libro nos muestra y nos dice cómo actuó Dios por medio de la iglesia primitiva para cambiar el mundo.

Un punto importante que se debe tener en cuenta es que el Evangelio de Lucas y el libro de Hechos fueron escritos en un principio como una sola obra en dos partes: *Lucas-Hechos*. En un principio estos dos tomos incluso circulaban entre las iglesias como una sola obra, pero en el siglo II el Evangelio de Lucas fue incorporado a los otros tres Evangelios y Hechos comenzó a circular por sí solo.

Hay algunos sólidos indicios de que Lucas quiso que estos dos libros narraran juntos la historia. Primero, si comparamos los versículos iniciales de ambos libros (Lc 1:1-4 y Hch 1:1-2), nos daremos cuenta de que Hechos continúa la misma historia.

Segundo, hay paralelismos entre los dos libros. Algunos de los temas destacados del Evangelio de Lucas aparecen también en Hechos (p.ej., oración, la acción del Espíritu, el evangelio para todos los pueblos). Asimismo, tanto Lucas como Hechos utilizan la modalidad del viaje. En el Evangelio, Jesús viaja a Jerusalén y hacia la cruz (Lc 9:51; 13:22,33; 17:11; 18:31; 19:41), en tanto que en Hechos los apóstoles comienzan a partir de Jerusalén para luego difundir la historia de Jesús alrededor del mundo (cf. Hch 1:8)

Tercero, hay una coincidencia parcial entre el final de Lucas y el comienzo de Hechos. Las palabras de Jesús a sus discípulos en Lucas 24:49 de hecho se cumplen en Hechos 1-2. Cuando Jesús habla acerca de que el arrepentimiento y el perdón de pecados deben predicarse en su nombre a todas las naciones, comenzando en Jerusalén (Lc 24:47), pensamos de forma automática en Hechos 1:8. Quizá la coincidencia parcial más visible es la mención de la ascensión de Jesús tanto en Lucas (24:51) como en Hechos (1:9-11), los dos únicos lugares en el Nuevo Testamento donde se describe este acontecimiento.

Lucas se refiere a su Evangelio y Hechos como dos partes de una sola historia. El Dios que actuó de manera poderosa en el Antiguo Testamento y se reveló por encima de todo en Jesucristo está ahora actuando por medio de su Espíritu. Lucas nos presenta la grandiosa historia de la salvación de Dios. Debemos, pues, recordar siempre leer Hechos como una continuación de la historia que comenzó en el Evangelio de Lucas. Lo que Jesús comenzó a hacer durante su ministerio en la tierra continúa haciéndolo por medio de sus seguidores que tienen el poder del Espíritu. Como algo práctico, antes de estudiar Hechos, podríamos tomar tiempo para leer todo el Evangelio de Lucas.

¿Qué clase de libro es Hechos?

Hechos es un relato

Al igual que los Evangelios, Hechos es un relato. Debido a la estrecha conexión entre Lucas y Hechos, podemos esperar que estos dos libros tengan mucho en común por lo que se refiere al tipo literario. De hecho es así. Gran parte de lo que hemos dicho acerca de cómo leer los Evangelios se aplica también a Hechos, incluyendo las dos preguntas principales de interpretación. La diferencia principal es que los Evangelios se centran en una persona, Jesús de Nazaret, en tanto que el relato en Hechos se centra en varios líderes clave de la iglesia, sobre todo Pedro y Pablo.

Hechos es una historia centrada en Dios

Al trasladar su enfoque de Jesús a los primeros líderes de la iglesia, Lucas en Hechos pasa de una biografía centrada en Cristo a una historia (o teología) centrada en Dios. Lucas es un historiador que elabora un documento confiable de lo que sucedió en la difusión del evangelio.

No debemos asumir, sin embargo, que Lucas aprobó todo lo que sucedió. Cuando Lucas describe algo que sucedió (p.ej., la disputa de Pablo con Bernabé en Hch 15:36-40), debemos resistir la tentación de tomarlo como un plan que Dios aprobó.

Además de historiador, Lucas es también un *teólogo* que cuenta su historia con el fin de promover la fe cristiana. ¿Se puede ser historiador y teólogo a la vez? Creemos que sí. Cuando se escribe algo histórico se es selectivo (p.ej., uno no puede contar todo lo que sucedió) y se escribe desde cierta perspectiva de fe. Los historiadores no son observadores neutrales sin ningún sistema de fe. Son humanos y tienen un punto de vista, como todos nosotros lo tenemos. Sus puntos de vista (incluyendo su perspectiva respecto a la fe) incluyen la forma en que interpretan los hechos, escogen qué incluir y dan forma a su historia. En Hechos, Lucas nos da un relato fiel, confiable, pero ha escogido y ordenado su material con fines teológicos.

Lucas da forma a su historia con fines teológicos, pero ¿cómo debemos localizar la teología dentro de la historia? Utilizamos muchos de los mismos principios que empleamos para encontrar principios teológicos en los Evangelios. Hacemos las preguntas normales ante cualquier relato (¿Quién? ¿Qué? ¿Cuándo? ¿Por qué? y ¿Cómo?), nos fijamos en las instrucciones que nos da el autor, nos concentramos en su exposición directa, y así sucesivamente.

Quizá la directriz más útil, si se quiere captar las verdades teológicas en Hechos, es buscar temas y pautas recurrentes. En los temas principales de Hechos podemos ver a Lucas que desarrolla sus propósitos teológicos, Una vez identificados los propósitos teológicos de Lucas, también encontramos el meollo de su mensaje dirigido a su audiencia original y a nosotros. Ahora pasamos a examinar algunos de los temas principales en Hechos.

¿Por qué Lucas escribió Hechos?

Lucas afirma el propósito que lo guía para escribir Lucas-Hechos en los primeros versículos de su Evangelio: «para que llegues [Teófilo] a tener plena seguridad de lo que te enseñaron» (Lc 1:4). Es de suponer que Teófilo ha recibido instrucciones (*katēcheō*, que significa «enseñar») que no fueron del todo adecuadas. Lucas desea animar y a afianzar a Teófilo y a otros como él de manera más plena en su nueva fe. Quizá debemos pensar en Hechos como una clase de manual exhaustivo de discipulado, diseñado para reforzar la fe cristiana en los nuevos creyentes. Lucas lo hace mostrando a estos nuevos creyentes que lo que Dios prometió en el Antiguo Testamento y culminado en Jesús, ahora lo sigue buscando. En breve, el *Espíritu Santo* llena de poder a la *iglesia* (creyentes tanto judíos como gentiles) para que lleve el *evangelio* de Jesucristo al *mundo* (Hch 1:8).

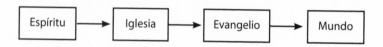

Esto es lo mejor de la historia bíblica, descrita a grandes pinceladas, para asegurar a los cristianos que forman parte del plan de Dios. Podemos oír a Lucas diciendo a los creyentes: «Están en el buen camino. Forman en verdad parte de lo que Dios está haciendo. ¡No se den por vencidos!». El propósito general de Lucas sale a la luz en una serie de sub-propósitos o temas. He aquí algunos.

El Espíritu Santo

Toda la acción comienza con el Espíritu de Dios. En Hechos 1 Jesús promete que el Padre enviará al Espíritu Santo. En Pentecostés (Hch 2) el Espíritu Santo desciende para morar en los discípulos de Jesús y darles poder. El resto del libro es un relato de los hechos o acciones del Espíritu por toda la iglesia. Lo que Jesús comenzó a hacer (tal como se relata en el Evangelio de Lucas), sigue haciéndolo por medio de su Espíritu.

Soberanía de Dios

En estrecha relación con el papel del Espíritu Santo en cuanto a guiar a la iglesia está el tema de la soberanía de Dios. Cuando leemos Hechos, nos quedamos con la sólida impresión de que Dios está en control. Las Escrituras del Antiguo Testamento se cumplen a medida que Dios va realizando su plan (p.ej., Hch 1:16; 2:16-21, 25-28, 34-35; 4: 24-25; 13:32-37, 47). La voluntad de Dios se ha cumplido por medio de Jesús (2:23-24) y su propósito se está cumpliendo por medio de su pueblo.

La Iglesia

El Espíritu actúa sobre todo por medio de la iglesia (el pueblo de Dios) para que se cumpla su voluntad. Como lo ilustran las síntesis en Hechos 2:42-47 y 4:32-35, el Espíritu crea una comunidad sana, floreciente donde las personas dan culto a Dios, se preocupan unas por otras, crecen espiritualmente y se unen en la misión.

Oración

Al igual que en el Evangelio de Lucas, la oración es un tema principal en Hechos. Los primeros cristianos se distinguían por ser personas de oración, y las encontraremos orando en casi cada capítulo de Hechos.

Sufrimiento

Al leer en Hechos acerca de las cosas maravillosas que Dios está haciendo, a veces perdemos de vista el precio que pagaron los primeros cristianos. Sufren encarcelamientos, azotes y rechazo; se encuentran con multitudes furiosas, tempestades violentas, persecución e incluso muerte (p.ej., 5:41; 7:59-60; 9:15-16; 12:4; 14:22; 16:22-23; 20:23-24; 21:30-33; 27:13-44). A pesar de semejantes penurias, el evangelio avanza.

Gentiles

En Hechos el evangelio llega primero a los judíos. Pero se difunde con rapidez a los «confines de la tierra», a territorio gentil. (*Gentil* es todo aquel que no es étnicamente judío). El verdadero Israel de Dios se compone de judíos y gentiles que han aceptado a Jesús el Mesías. En su sermón de Pentecostés Pedro cita al profeta Joel, que dice, «derramaré mi Espíritu sobre *todo el género humano* […] y *todo* el que invoque el nombre del Señor, será salvo» (2:17b, 21, se agregó la bastardilla). Pedro más adelante se da cuenta de que Dios quiere de verdad una misión que incluya a los gentiles (8:14-17; 10:1-48). En la narración de Hechos, el desplazamiento va de Jerusalén a Roma, de Pedro a Pablo, de solo judíos a judíos y gentiles.

Testimonio

Los apóstoles centran su testimonio en la resurrección de Jesús (p.ej., 1:8, 22; 2:32-36; 4:2, 20, 33; 5:20, 32, 42; 10:39-41). El poder que transmite el Espíritu para dar testimonio no acaba con los primeros apóstoles (p.ej., Pedro, Esteban, Felipe, Pablo). El mensaje de Lucas en Hechos es claro: ser seguidor de Jesucristo significa ser testigo fiel.

Captemos el mensaje de Hechos

Como Hechos es un relato, debe abordarse de forma muy parecida al caso de los Evangelios. Las dos preguntas interpretativas siguen siendo clave. (1) ¿Cuál es el mensaje central de cada episodio? (2) ¿Qué les dice Lucas a sus lectores con la forma en que reúne las historias y discursos individuales para conformar un relato más amplio?

Para encontrar principios teológicos en los diferentes episodios de Hechos, debemos centrarnos en las preguntas normales ante cualquier relato: ¿Quién? ¿Qué? ¿Cuándo? ¿Dónde? ¿Por qué? y ¿Cómo? Estas conforman un plan sencillo para entender cualquier historia. Cuando buscamos principios teológicos en una serie de episodios, debemos buscar las conexiones entre las historias. ¿Cómo se sitúan las historias? ¿Qué nos dice la extensión de cada episodio acerca de lo que Lucas considera como importante? Sobre todo, ¿qué temas y pautas se repiten en todo Hechos?

Al leer y aplicar Hechos nos enfrentamos con un desafío interpretativo importante que no se nos presentó al leer los Evangelios, aun cuando ambos son relatos. En los Evangelios leemos acerca de Jesús y de sus primeros discípulos sin pensar ni siquiera por una vez que nos pudiéramos ver en esa misma situación. Nunca subiremos a una barca con Jesús para atravesar el Mar de Galilea ni caminaremos con él por las calles de Jerusalén. En Hechos, sin embargo, la situación es diferente. Desde los Evangelios a Hechos se da un cambio fundamental en la historia bíblica, que pasa del período del ministerio de Jesús en la tierra al período del ministerio del Espíritu por toda la iglesia. Y ¡como lectores creyentes, formamos parte de esa iglesia que el Espíritu mueve!

Y esa es la parte difícil. ¿Debemos tomar a Hechos como *normativo* para que la iglesia en todo tiempo y lugar imite las experiencias y prácticas de la iglesia primitiva? ¿O debemos leer Hechos solo como descriptivo de lo que tuvo importancia y fue inspirador en la iglesia primitiva, pero no necesariamente obligatorio para nosotros? Sin duda que es el aspecto más significativo con el que nos enfrentamos al tratar de interpretar Hechos. Si leemos Hechos como una descripción, ¿por qué leerlo? Si, por otro lado, lo tomamos como norma, ¿hemos de repetir *todas* las prácticas de la iglesia primitiva, con sus rivalidades, inmoralidades y herejías? ¿Debemos tomar decisiones echando suerte? ¿Debemos poner en común nuestros bienes? ¿Nos castigará Dios como a Ananías y Safira (muerte repentina por mentir)? ¿Debemos tomar Hechos como normativo o como descriptivo?

Al hacer la Expedición Interpretativa en el libro de Hechos, lo que mejor funciona es aceptar algunas partes de Hechos como norma y las otras partes como descripción. La dificultad radica en saber qué es normativo para la iglesia de hoy y qué no lo es. ¿Sobre qué base debemos tomar estas decisiones? A no ser que reflexionemos acerca de este asunto, será casi totalmente seguro que seleccionaremos basados en cómo nos sentimos en un momento dado. Presentamos las siguientes directrices para determinar qué es normativo en Hechos para la iglesia de hoy[23].

Primero, busquemos qué quiso comunicar Lucas (o sea, encontrar los temas y pautas comunes que conectan las historias). Cuando captamos el mensaje de Lucas, encontramos el significado normativo del pasaje.

Segundo, busquemos ejemplos positivos y negativos en los personajes de la historia. Quizá Lucas quería que lo que hacen los personajes positivos en Hechos se tome como normativo, aunque debemos reconocer el papel que desempeñaron los apóstoles en esa etapa de la historia de la salvación.

Tercera, leamos cada pasaje a la luz de la historia completa de Hechos y del resto del Nuevo Testamento. A veces el desarrollo de la historia completa proporcionará límites claros para determinar qué es normativo en ciertos pasajes. No pretendamos que sea normativa cualquier interpretación que no respete la dirección general de la historia (p.ej., ver como normativa la conversión en dos etapas a partir de Hechos 19:1-7).

Cuarta, busquemos otras partes de Hechos para ver qué es normativo. Vemos, por ejemplo, que Hechos no enseña la vida en común como normativa si leemos Hechos 2 y 4 a la luz de Hechos 5, donde compartir los bienes es sin duda voluntario. Lo que es normativo en los tres capítulos es una generosidad radical.

Quinta, quizá el principio más importante para identificar qué es normativo para la iglesia de hoy es buscar temas y pautas que aparecen una y otra vez en toda la historia de Hechos que va cambiando. Antes identificamos una serie de temas generales en Hechos: la obra del Espíritu, la soberanía de Dios, el papel de la iglesia, la oración, el sufrimiento, el evangelio para judíos y gentiles y el poder del testimonio. Estos representan realidades normativas para la iglesia en cualquier época.

Conclusión

Dios nos ha regalado cuatro relatos de la historia de Jesucristo: Mateo, Marcos, Lucas y Juan. Al recorrer nuestra Expedición Interpretativa por los cuatro Evangelios, nos hacemos dos preguntas básicas: (1) ¿Cuál es el mensaje principal de cada episodio? (2) ¿Qué esta tratando de comunicar el autor del Evangelio con la forma en que junta las historias más breves? De este modo estamos en condiciones de leer las historias individuales y también la serie completa de historias.

Lo mismo se puede decir de la gran aventura que se llama Hechos. Lo que Jesús comenzó a hacer durante su ministerio en la tierra, sigue haciéndolo ahora en que el Espíritu da poder a la iglesia para que lleve el evangelio a todo el mundo. El problema más difícil al leer Hechos es cómo entender el río de diferencias para poder identificar lo que es normativo para la iglesia hoy. Hemos sugerido algunas directrices para lograrlo. Oramos que lo que hemos dicho aliente al lector a ser un intérprete más fiel de esta vigorosa historia del nacimiento y crecimiento de la iglesia primitiva.

Hemos aprendido también en este capítulo que la interpretación de la Biblia no se detiene cuando cruzamos el río de diferencias entre la audiencia bíblica y nosotros hoy. Debemos buscar la manera de aplicar las grandes verdades de los Evangelios y de Hechos a nuestra vida. Encontrar aplicaciones legítimas de algunos principios para unos resultará directo y más bien fácil; para otros resultará complejo y difícil. En última instancia, podemos sentirnos agradecidos de tener por escrito las buenas nuevas de Jesús y la historia de la iglesia primitiva de manera que podamos tomar el libro en cualquier momento para leerlo y aplicarlo.

Preguntas para analizar

1. ¿En cuál de los principales temas en Hechos que se mencionaron en este capítulo necesita mi iglesia concentrarse a estas alturas de su Expedición?

2. ¿Qué otros temas ha visto que se repiten sistemáticamente en todo Hechos?

3. ¿Prefiere interpretar Hechos como normativo o como descriptivo? ¿Por qué?

Tarea escrita

Tome uno de los textos siguientes y aplicarle los cuatro pasos de la Expedición Interpretativa:

- Hechos 2:42-47
- Hechos 6:1-7
- Hechos 13:1-3
- Hechos 15:1-21
- Hechos 17:16-34

¿Recuerda la primera vez que leyó (o trató de leer) Apocalipsis? ¿Qué clase de experiencia fue? ¿De confusión? ¿Intimidante? ¿Estimulante? ¿Alucinante? Es probable que encontráramos que el capítulo 1 tenía sentido e incluso nos pudimos sentir cómodos con los mensajes a las siete iglesias en los capítulos 2 y 3. Pero ¿cómo reaccionamos ante las cuatro criaturas vivas en el capítulo 4 o ante el Cordero con siete cuernos y ojos en el capítulo 5? ¿O qué pensamos acerca de la luna que se volvía roja o de los 144.000 o del águila hablante o de Babilonia, la madre de prostitutas? Si somos como la mayoría de las personas, al concluir la lectura dejamos de lado la Biblia y llegamos a la conclusión de que Apocalipsis es un libro estrafalario.

Este último libro de la Biblia se describe a sí mismo como una «revelación de Jesucristo» (1:1), expresión que equivale a un título para todo el libro. El término griego *apocalipsis* sugiere que algo estuvo en otro tiempo oculto y ahora se descubre o manifiesta de manera abierta (o sea, a partir de la generación de Juan).

En este «último capítulo» de la historia de la salvación, Dios corre la cortina para que su pueblo alcance a ver algo de sus planes para la historia humana, planes que se centran alrededor de Jesucristo. Apocalipsis es denso, difícil, desconcertante, colorido, lleno de suspenso y sorprendente. Es como un río caudaloso, una batalla sangrienta, un misterio seductor y una boda espectacular todo mezclado. Conviene amarrarse el cinturón porque Apocalipsis nos conducirá por el viaje interpretativo de nuestra vida.

¿Cuál es el propósito de Apocalipsis?

El propósito de Apocalipsis está vinculado con su clase literaria como carta apocalíptico-profética, en especial con su utilización de imágenes. Las imágenes de Apocalipsis crean un mundo simbólico en el cual los lectores pueden vivir mientras leen (o escuchan) el libro. Al ingresar en este mundo simbólico, su mensaje los va afectando y va cambiando toda su percepción del mundo en que viven. Pueden ver su propia situación desde una perspectiva divina.

Apocalipsis utiliza imágenes para responder a la pregunta, «¿Quién es el Señor?». Durante tiempos de opresión y persecución, los justos sufren y los malos parecen prosperar. Esto genera preocupaciones acerca de si Dios sigue en su trono y tiene el control. Apocalipsis dice que a pesar de cómo se ven las cosas, César no es Señor y Satanás no es Señor. Antes bien, Jesús es Señor y vendrá pronto para enderezarlo todo.

Dios utiliza esta carta profético-apocalíptica para correr el velo que encubre su drama cósmico y mostrar a su pueblo cómo acabarán siendo las cosas al final. Su mensaje principal es «¡Dios triunfará!». Quienes no pactan con el mundo pagano verían el futuro de Dios y se llenarían de esperanza en el presente. Pero quienes pactan, despertarían de su sueño espiritual y se les advertiría que se arrepientan. Como «último capítulo» de la historia de la salvación, Apocalipsis ofrece a las personas un anticipo del triunfo final de Dios y les ofrece la perspectiva y el aliento que necesitan para triunfar.

Interpretación de Apocalipsis

Enfoques comunes de Apocalipsis

Los intérpretes tradicionalmente han utilizado cinco enfoques principales. El enfoque *pretérito* trata de entender Apocalipsis solo en la forma en que tuvo que entenderlo la audiencia original. El enfoque *histórico* ve Apocalipsis como una síntesis de lo que ha sucedido a lo largo de la historia de la iglesia desde el siglo I hasta el regreso de Cristo. El enfoque *futurista* considera que la mayor parte del libro tiene relación con acontecimientos futuros que precederán de inmediato al fin de la historia. El enfoque *idealista* no interpreta Apocalipsis en función de ninguna referencia concreta al tiempo, sino que lo relaciona con la lucha permanente entre el bien y el mal.

Por último, muchos estudiosos hoy optan por un enfoque *ecléctico* en la interpretación de Apocalipsis porque trata de combinar las fortalezas de algunos de los enfoques descritos. Por ejemplo, debemos leer Apocalipsis de la misma manera que leemos cualquier otro libro de la Biblia, es decir, tomando en serio el contexto histórico. Apocalipsis también presenta verdades eternas para superar la lucha entre el bien y el mal (abandonar la autocomplacencia y perseverar durante épocas de persecución). Además, algunos de los acontecimientos que se describen en este libro se cumplirán en el futuro (p.ej., el retorno de Cristo, el gran castigo en el trono blanco, y la llegada de un nuevo cielo y una nueva tierra).

Principios concretos para leer Apocalipsis

Además de estos enfoques generales en el estudio de Apocalipsis, necesitamos principios más específicos para leer esta extraordinaria carta profético-apocalíptica. Ofrecemos siete sugerencias[24].

1. *Leer Apocalipsis con humildad.* Debemos resistir enfoques de «Apocalipsis al alcance de todos» porque ¡Apocalipsis no es fácil! Debemos cuidarnos de «expertos» que alegan tener un conocimiento absoluto acerca de cada mínimo detalle de este libro. Leer con mente humilde significa que estamos dispuestos a cambiar nuestro punto de vista cuando la evidencia bíblica apunta a una dirección diferente.

2. *Tratar de descubrir el mensaje a los lectores originales.*

Cuando se trata de leer Apocalipsis, la tendencia es no pensar en los primeros cristianos y pasar directamente al mensaje de Dios para nosotros. Este enfoque implica que en Apocalipsis Dios no estaba en verdad hablando a los primeros cristianos y revela arrogancia interpretativa de parte nuestra. ¿Qué diríamos si Cristo no regresa hasta el año 4000 d.C.? ¿Todavía contendría Apocalipsis un mensaje para nosotros a pesar de que no seríamos la última generación?

Nunca debemos olvidar que los primeros cristianos recibieron bendición al obedecer a Apocalipsis (1:3) y al libro se le describe como un libro sin sello (o sea abierto), incluso para quienes vivían en la época de Juan (22:10). La mejor forma de comenzar es haciendo la pregunta: «¿Qué está tratando Juan de comunicar a su audiencia?». Si nuestra interpretación no tiene sentido para los lectores originales, es probable que no hayamos acertado con el significado del pasaje. La Expedición Interpretativa nos sirve como recordatorio de que debemos entender qué *significó* en tiempo de Juan para poder entender qué *significa* hoy.

3. *No tratemos de descubrir una cronología exacta de acontecimientos futuros*. No busquemos en Apocalipsis un avance en forma lineal. Las visiones del libro sirven para producir un impacto dramático en el lector y no ofrecerle una secuencia cronológica precisa de acontecimientos futuros. Por ejemplo, notemos que el sexto sello (6:12-17) nos conduce al fin de los tiempos. Pero cuando se abre el séptimo sello, se nos ofrece todo un conjunto nuevo de castigos —las trompetas— y la séptima trompeta (11:15-19) también nos conduce al fin de los tiempos. Entonces con la primera copa en 16:1-2 se nos ofrece otra serie nueva de castigos. Apocalipsis 19-22 presenta el cuadro más vistoso y detallado del fin pero, como podemos ver, esta no es la primera vez que los lectores han sido trasladados al fin de los tiempos. En lugar de buscar la cronología de acontecimientos futuros, es conveniente captar el mensaje principal en cada visión en cuanto a vivir el aquí y ahora.

4. *Tomar en serio a Apocalipsis, pero no tomarlo siempre al pie de la letra*. Algunos que afirman que debemos interpretar la Escritura de manera simbólica lo hacen para negar la realidad de una verdad bíblica o de un acontecimiento histórico. Esta no es nuestra intención. Insistimos en que el lenguaje gráfico con sus símbolos, imágenes y alegorías puede transmitir verdades literales y describir acontecimientos históricos, literales. El lenguaje gráfico es otro vehículo de lenguaje, otra forma de comunicar la realidad. Según nuestra manera de pensar, Apocalipsis utiliza este lenguaje gráfico para enfatizar una realidad histórica y no para negarla o minimizarla.

Como nuestro método de interpretación debe corresponder al género literario que utiliza el autor bíblico, debemos evitar tomar al pie de la letra el lenguaje gráfico. Cuando tratamos de imponer un método literal en un lenguaje gráfico, corremos el riesgo de distorsionar el significado que el autor quiso. Por ejemplo, ¿qué sucede cuando tratamos de utilizar de manera literal la referencia en Apocalipsis 17:9 a la mujer que está sentada sobre siete colinas? Los cristianos del siglo I, claro, habrían entendido que la mujer representaba a Roma, ciudad levantada sobre siete colinas. Es probable que el texto también se refiera más allá de Roma a poderosos imperios paganos que se oponían a Dios. Tomemos en serio el lenguaje gráfico, pero no de manera literal.

5. *Prestemos atención cuando Juan identifica una imagen.* Cuando Juan mismo ofrece una pista para interpretar una imagen, debemos tomar nota. Por ejemplo, en Apocalipsis 1:17 el Hijo del Hombre es Cristo, en 1:20 los candeleros de oro son las iglesias, en 5:5-6 el León es el Cordero, en 12:9 el dragón es Satanás, y en 21:9-10 la Jerusalén celestial es la esposa del Cordero o la iglesia. Cuando en otros pasajes del libro se vuelven a utilizar las imágenes que Juan ha identificado, debemos asumir que es probable que se refieran a las mismas cosas (p.ej., los candelabros en 1:20 y 11:3-4).

Pero no confundamos la identificación directa de una imagen (las mencionadas antes) que ofrece Juan con su manera flexible de utilizar las imágenes. En otras palabras, Juan no duda en utilizar la misma imagen para referirse a cosas diferentes. Por ejemplo, las siete estrellas son los ángeles de las siete iglesias (1:16,20; 2:1; 3:1). Pero Juan también utiliza la imagen de una estrella (no las siete estrellas) para referirse a otras cosas, como agentes del castigo de Dios (8:10-12) o incluso a Jesús mismo (22:16). Si bien Juan utiliza con flexibilidad imágenes para diferentes cosas, cuando identifica una imagen de manera específica, debemos estar atentos.

6. *Examinar el Antiguo Testamento y el contexto histórico al interpretar imágenes y símbolos.* Uno de los aspectos más difíciles al leer Apocalipsis es saber a qué se refieren los símbolos. En otras palabras, solemos

entender lo que dice Apocalipsis, pero con frecuencia no estamos seguros de qué está hablando. Los dos recursos para conseguir discernimiento son el contexto histórico y las referencias al Antiguo Testamento. Por cierto, Apocalipsis contiene más referencias al Antiguo Testamento que cualquier otro libro del Nuevo Testamento, sobre todo referencias a los Salmos, Isaías, Ezequiel y Daniel. Al estudiar el contexto histórico y el contexto del Antiguo Testamento, podemos entender mejor las imágenes utilizadas en Apocalipsis.

7. *Por encima de todo, centrarse en la idea principal y no insistir en los detalles.* Esta última directriz para la interpretación es quizá la más importante de todas. En casi todos los géneros literarios en la Biblia, comenzamos con los detalles para ir tratando de entender el todo. En el caso de Apocalipsis, sin embargo, debemos comenzar con el cuadro general para luego ir procurando entender los detalles. Para tratar de identificar principios teológicos en Apocalipsis, debemos centrarnos en las ideas principales. Hay que resistir la tentación de centrarse en los detalles más mínimos. Mantengámonos focalizados en lo principal de cada sección o visión.

Conclusión

En Apocalipsis, Dios corre la cortina para ofrecer a su pueblo un vistazo de sus planes para la historia humana. El personaje principal en este drama cósmico es Jesucristo, el León y el Cordero, que garantiza el triunfo a través del sacrificio. Apocalipsis es peculiar debido a su género literario combinado (carta profético-apocalíptica), pero no es un libro cerrado. Podemos captar el significado de Apocalipsis para aplicarlo a nuestra vida, pero debemos seguir sus normas, no las nuestras.

Preguntas para analizar

1. De entre los enfoques principales para interpretar Apocalipsis, ¿cuál prefiere? ¿Por qué?

2. ¿Cuál de las siete sugerencias para leer Apocalipsis le parece más útil?

3. ¿Por qué los cristianos de todas las épocas deben escuchar el mensaje de Apocalipsis? En otras palabras, ¿de qué careceríamos si no tomamos en cuenta este libro?

Tarea escrita

Lea todo el libro de Apocalipsis y escriba en una frase la idea principal de cada capítulo. Por ejemplo, en cuanto a Apocalipsis 1, podría escribir: «Visión de Juan del Cristo glorificado en medio de las iglesias».

El Antiguo Testamento y la Expedición Interpretativa

Antes de entrar en los aspectos concretos de la ley en el Antiguo Testamento, debemos recordar nuestra comprensión de la Expedición Interpretativa. Ahora que ya somos veteranos de muchas Expediciones Interpretativas, estamos preparados para enfrentarnos al Antiguo Testamento. En este capítulo y en los capítulos 14 y 15 tomaremos todo lo que hemos aprendido hasta ahora para aplicarlo a los diversos géneros del Antiguo Testamento. Aprenderemos a interpretar y aplicar temas legales, escritos proféticos y los salmos del Antiguo Testamento. El río interpretativo en el Antiguo Testamento suele ser más ancho que el del Nuevo Testamento, y el puente de principios se vuelve incluso más crítico. Las diferencias en géneros también son significativas, como veremos. Sin embargo los relatos y poemas en el Antiguo Testamento son emocionantes e inspiradores, y Dios revela muchas cosas acerca de sí mismo en todos estos textos. Sin duda, el tiempo que dediquemos en el Antiguo Testamento será gratificante.

Asimismo, tengamos presente que debemos leer e interpretar el Antiguo Testamento como cristianos. Es decir, aunque creemos que el Antiguo Testamento forma parte de mensaje inspirado de Dios para nosotros, no queremos olvidar la Cruz y con ello interpretar y aplicar esta literatura como si fuéramos hebreos del Antiguo Testamento. Afirmamos que somos cristianos del Nuevo Testamento, e interpretaremos el Antiguo Testamento desde esa posición estratégica.

Durante el Paso 1 de la Expedición Interpretativa (*Captar el texto en su contexto local*), claro está, nos centraremos en lo que quiso decir el texto a quienes vivían en la época del Antiguo Testamento. Sin embargo, ¡es fundamental no detenerse ahí! Después de haber definido la anchura del río (Paso 2) y de haber formulado un principio teológico (Paso 3), debemos introducir un nuevo paso. Antes de entrar a la aplicación, queremos pasar el principio teológico por el cedazo del Nuevo Testamento, en busca de lo que agrega el Nuevo Testamento a ese principio o de cómo el Nuevo Testamento lo modifica. Así pues, si bien la Expedición Interpretativa sigue dando cuatro pasos por todo el Nuevo Testamento, pasará a ser un itinerario de cinco pasos por el Antiguo Testamento. Explicaremos este paso adicional más en detalle en los capítulos siguientes, pero antes queremos introducir el concepto.

Así pues, la Expedición Interpretativa por el Antiguo Testamento ahora será así:

Paso 1: Comprender el texto en su contexto original. ¿Qué quiso decir el texto a la audiencia bíblica?

Paso 2: Medir la anchura del río a atravesar. ¿Cuáles son las diferencias entre la audiencia bíblica y nosotros?

Paso 3: Cruzar el puente de principios. ¿Cuál es el principio teológico de este texto?

Paso 4: Cruzar hacia el Nuevo Testamento. Lo que se enseña en el Nuevo Testamento, ¿modifica o puntualiza este principio y, de ser así, cómo?

Paso 5: Captar el texto en nuestro contexto. ¿Cómo deben los cristianos de hoy aplicar el principio teológico en sus vidas?

La Ley: Introducción

Gran parte del Pentateuco (los primeros cinco libros de la Biblia) tienen que ver con *leyes*. Por cierto, hay más de seiscientos mandatos en estos libros. Encontramos material legal en casi todo Levítico y en gran parte de Deuteronomio. También, cerca de la mitad de Éxodo junto con una parte de Números presentan varias leyes que Dios le dio a Israel. Es obvio que estas leyes son importantes. Pero muchas de ellas nos parecen extrañas... incluso raras. Pensemos en las siguientes leyes:

> Éxodo: 34:26: «No cuezas ningún cabrito en la leche de su madre».
>
> Levítico 19:19: «No usen ropa tejida con dos clases distintas de hilo».
>
> Levítico 13:40: «Si a alguien se le cae el pelo de la nuca, y se queda calvo, es puro».

Además, en el Antiguo Testamento hay numerosas leyes que, como cristianos modernos, violamos con cierta regularidad. ¿Cuáles de las siguientes hemos violado?

> Deuteronomio 22:5: «La mujer no se pondrá ropa de hombre, ni el hombre se pondrá ropa de mujer».
>
> Levítico 19:28: «No se hagan [...] tatuajes en la piel».
>
> Deuteronomio 14:8: «El cerdo es también impuro, porque, aunque tiene la pezuña hendida, no rumia. No podrás comer su carne ni tocar su cadáver».

Aunque tendemos a hacer caso omiso de tales leyes, hay otros mandamientos del Antiguo Testamento que tomamos como la base moral de la conducta cristiana. Estos nos resultan más conocidos:

> Levítico 19:18: «Ama a tu prójimo como a ti mismo».
>
> Éxodo 20:13: «No mates».
>
> Deuteronomio 5:18: «No cometas adulterio».

Pero, ¿por qué aceptamos ciertas leyes y otras las descartamos? ¿Qué leyes siguen teniendo validez y cuáles no? Muchos cristianos de hoy se sienten perplejos ante el problema de la interpretación de la ley. Algunos de nosotros optamos por leer por encima los textos legales y dejar de lado los que nos parece que no son pertinentes. Prescindimos por completo de ellos. Luego, cuando encontramos uno que parece que tiene sentido para el mundo de hoy, lo aceptamos, lo subrayamos y lo utilizamos como guía para nuestro diario vivir. No cabe duda de que este enfoque «quiero-no quiero» en la interpretación de las leyes del Antiguo Testamento es inadecuado. Pero, ¿cómo debemos interpretar la ley?

La Ley: el contexto del relato

Los textos legales en el Antiguo Testamento no aparecen en forma aislada. Las leyes del Antiguo Testamente están sólidamente incorporadas en el relato de la historia teológica de Israel. Es parte del relato que va desde Génesis 12 hasta 2 Reyes 25. No se presenta la ley en forma aislada como una especie de código universal atemporal. Antes bien, se presenta como parte del relato teológico que describe cómo Dios liberó a Israel de Egipto y lo estableció en la Tierra Prometida como su pueblo.

Por tanto, la ley del Antiguo Testamento forma parte integral de la historia del éxodo de Israel, de su tránsito por el desierto y de su conquista. Nuestro método interpretativo en cuanto a la ley debe tomar esto en cuenta. Recordemos la importancia del *contexto* que aprendimos en el capítulo 6. La ley forma parte del relato, y este presenta un contexto importante para interpretar la ley.

La Ley: El contexto del pacto

Dios introduce la ley dentro del contexto de un pacto, diciendo, «Si ahora ustedes me son del todo obedientes, y cumplen mi pacto, serán mi propiedad exclusiva entre todas las naciones» (Éx 19:5). El pueblo acepta cumplir con los términos del pacto (24:3), y Moisés sella el acuerdo con sangre: «Moisés tomó la sangre, roció al pueblo con ella, y dijo: "Esta es la sangre del pacto, que con base en estas palabras, el Señor ha hecho con ustedes"» (24:8).

Parte de este pacto fue la promesa de Dios de morar en medio de Israel. Esto se subraya varias veces en la segunda mitad de Éxodo (Éx 25:8; 29:45; 34:14-17; 40:34-38). Relacionadas con la presencia de Dios están las instrucciones para construir el arca y el tabernáculo, el lugar donde Dios morará (Éx 25-31; 35-40). Levítico es, pues, la secuela natural de la segunda mitad de Éxodo, porque se refiere a cómo ha de vivir Israel con Dios en su medio. ¿Cómo se acercan a él? ¿Cómo enfrentan el pecado personal y nacional delante de un Dios santo que vive entre ellos? ¿Cómo le rinden culto y tienen comunión con este Dios santo, imponente, en medio de ellos? Levítico ofrece las respuestas, y da directrices prácticas para vivir con Dios en su medio bajo los términos del pacto mosaico.

Después de la negativa de Israel de obedecer a Dios y de entrar a la Tierra Prometida (Nm 13-14), Dios los envía al desierto donde permanecerán treinta y ocho años más hasta que la generación desobediente haya fallecido. Entonces Dios los vuelve a guiar hacia Canaán. Antes de entrar, sin embargo, los invita a que renueven el pacto. Con esta generación nueva, más joven, restablece el pacto mosaico que había contraído en un principio con sus padres en el libro de Éxodo. Deuteronomio describe este renovado llamamiento al pacto que Dios está haciendo a Israel apenas antes de que ingresen a la Tierra Prometida. Por cierto, en Deuteronomio Dios da más detalles acerca del pacto que en Éxodo. Deuteronomio describe en detalle los términos bajo los cuales Israel podrá vivir con éxito en la Tierra Prometida y con la bendición de Dios.

Como la ley del Antiguo Testamento está sumamente entrelazada con el pacto mosaico, es importante hacer varias observaciones acerca de la naturaleza de dicho pacto.

1. El pacto mosaico está estrechamente vinculado con la conquista de Israel y su ocupación de la tierra de Canaán. El pacto constituye el marco de referencia dentro del cual Israel puede ocupar y vivir con prosperidad con Dios en la Tierra Prometida. En Deuteronomio, se insiste una y otra vez en la estrecha conexión entre el pacto y la tierra.

2. *Las bendiciones recibidas gracias al pacto mosaico son condicionales.* A lo largo de Deuteronomio se repite una advertencia que le informa a Israel que la obediencia al pacto traerá bendición pero la desobediencia al mismo acarreará castigo y maldiciones. Deuteronomio 28 es especialmente explícito al respecto: los versículos 1-14 especifican las bendiciones para Israel si obedecen lo acordado en el pacto (la ley) en tanto que los versículos 15-68 mencionan las terribles consecuencias si no lo hacen.

3. *El pacto mosaico ha dejado de ser un pacto funcional.* Los creyentes del Nuevo Testamento ya no se encuentran bajo el antiguo pacto mosaico. Hebreos 8-9 deja bien claro que Jesús vino como el mediador de un *nuevo* pacto (Heb 8:13). La ley del Antiguo Testamento contenía los términos bajo los cuales Israel podría recibir bendiciones en la tierra bajo el antiguo pacto (mosaico). Si el antiguo pacto ya no está vigente, ¿cómo pueden las leyes que conformaban el pacto seguir siendo válidas? Si el antiguo pacto es obsoleto, ¿no debemos considerar también como obsoleto el sistema de leyes que forman parte del antiguo pacto?

4. *La ley del Antiguo Testamento como parte del pacto mosaico ya no es pertinente para nosotros como ley.* Pablo deja claro que los cristianos ya no están bajo la ley del Antiguo Testamento. Por ejemplo, en Gálatas 2:15-16 escribe: «[Sabemos] que nadie es justificado por las obras que demanda la ley sino por la fe en Jesucristo». En Romanos 7:4 afirma que «ustedes murieron a la ley mediante el cuerpo crucificado de Cristo». Y en Gálatas 3:25 declara, «pero ahora que ha llegado la fe, ya no estamos sujetos al guía».

Pablo arguye con contundencia contra los cristianos que retornan a la ley del Antiguo Testamento. En nuestra interpretación y aplicación de la ley, debemos tener cuidado de respetar la advertencia de Pablo. Ahora que por medio de Cristo estamos libres de la ley, no queremos en modo alguno volver a poner a las personas bajo la ley por causa de nuestro método de interpretación.

Pero ¿qué de Mateo 5:17, donde Jesús afirma: «No piensen que he venido a anular la ley o los profetas; no he venido a anularlos, sino a

145

darles cumplimiento»? ¿Contradice Jesús a Pablo? Nos parece que no. Ante todo, adviértase que la frase «la ley y los profetas» es una referencia a todo el Antiguo Testamento. Así que, Jesús no está hablando solo de la ley mosaica. Tomemos nota también de que la antítesis no es entre *abolir* y *observar*, sino entre *abolir* y *cumplir*. Jesús no alega que ha venido a *observar* la ley ni a *guardar* la ley; más bien, ha venido a *cumplirla*.

Mateo utiliza muchas veces la palabra griega que se traduce como «cumplir»; suele significar, «conducir a su significado querido». Jesús *no* afirma que la ley obliga para siempre a los creyentes del Nuevo Testamento. Si este fuera el caso, se requeriría que observáramos las leyes referentes a sacrificios y ceremonias además de las morales. Esto va sin duda en contra de la enseñanza del Nuevo Testamento. Lo que Jesús dice es que no vino para eliminar las justas exigencias de la ley, sino que vino a cumplir estas rigurosas exigencias.

5. *Debemos interpretar la ley por medio del conjunto de enseñanzas del Nuevo Testamento.* Segunda Timoteo 3:16 nos dice que «toda la Escritura es inspirada por Dios y útil para enseñar, para reprender, para corregir y para instruir en la justicia». Sin duda que Pablo incluye la ley en su frase «toda la Escritura». Como parte de la Palabra de Dios, el valor de la ley del Antiguo Testamento es eterno. Debemos estudiarla y tratar de aplicarla en su totalidad.

Sin embargo, la ley ya no opera para nosotros como los términos del pacto, y por tanto en nuestro caso no se aplica como ley directa, literal. La venida de Cristo como cumplimiento de la ley ha cambiado esto para siempre. Sin embargo, los textos legales del Antiguo Testamento sí contienen *principios* y *lecciones* valiosos para la vida que siguen siendo pertinentes cuando se interpretan por medio de la enseñanza del Nuevo Testamento.

6. *El mejor método para interpretar la ley es seguir la Expedición Interpretativa.* Después de la fase de estudio dedicado a la observación, determinamos qué significó el texto para la audiencia bíblica. Luego identificamos las diferencias entre la audiencia bíblica y nosotros. A continuación, cruzamos el puente de principios y extraemos principios

teológicos. Tomamos los principios teológicos y los pasamos por el cedazo del conjunto de enseñanzas del Nuevo Testamento a medida que cruzamos hacia el Nuevo Testamento para identificar aplicaciones concretas de este significado que serán pertinentes para personas concretas hoy.

Este enfoque nos permite interpretar todos los relatos del Antiguo Testamento y los textos legales del mismo con la misma metodología. Nos proporciona un sistema paso a paso con el cual podemos encontrar aplicaciones válidas para toda una serie de historias y leyes del Antiguo Testamento. ¿Está listo para abordar la ley del Antiguo Testamento por su propia cuenta?

Preguntas para analizar

1. ¿Por qué resulta inadecuado el enfoque «a como salga» para interpretar la ley del Antiguo Testamento?
2. ¿Cómo afecta el contexto del pacto de la ley nuestro enfoque en la interpretación de la ley?
3. ¿Cuál es la idea más significativa que ha descubierto en este capítulo sobre interpretación de la ley del Antiguo Testamento?

Tarea escrita

Para cada pasaje citado abajo, estudie el texto y hacer todas las observaciones posibles al respecto. Subraye las observaciones en una fotocopia del texto. Asegúrese de que se entiende el significado de todas las palabras. De requerirse, estudie el trasfondo para entender cada término. Luego, identifique el contexto histórico-cultural y el literario. ¿Cuándo y dónde se dio esta ley? ¿De qué trata el texto circundante? Por último, aplique la Expedición Interpretativa al texto haciendo lo siguiente:

Paso 1: Comprender el texto en su contexto original. ¿Qué significó el texto para la audiencia bíblica?

Paso 2: Calcular la anchura del río a cruzar. ¿Cuáles son las diferencias entre la audiencia bíblica y nosotros?

Paso 3: Cruzar el puente de principios. ¿Cuál es el principio teológico en este texto?

Paso 4: Cruzar hacia el Nuevo Testamento. ¿Modifica o puntualiza el Nuevo Testamento este principio, y de ser así, cómo?

Paso 5: Captar el texto en nuestro contexto.¿Cómo deben los cristianos individuales de hoy aplicar el principio teológico modificado en sus respectivas vidas?

Levítico 26:1: No se hagan ídolos, ni levanten imágenes ni piedras

sagradas. No coloquen en su territorio piedras esculpidas ni se inclinen

ante ellas. Yo soy el SEÑOR su Dios.

Levítico 23:22: Cuando llegue el tiempo de la cosecha, no sieguen

hasta el último rincón del campo ni recojan todas las espigas que que-

den de la mies. Déjenlas para los pobres y los extranjeros. Yo soy el

SEÑOR su Dios.

¡Los profetas! ¡Qué colección de libros tan fantástica! Los libros proféticos del Antiguo Testamento contienen algunos de los pasajes más inspiradores de la Biblia. Isaías es uno de los libros favoritos de muchos cristianos. Recordemos las edificantes palabras de Isaías 40:31:

> Pero los que confían en el Señor
> renovarán sus fuerzas;
> volarán como las águilas,
> correrán y no se fatigarán,
> caminarán y no se cansarán.

A los cristianos les gusta mucho ese versículo. ¿No son edificantes? Y podríamos continuar citando pasajes proféticos maravillosos muy queridos.

Los profetas, sin embargo, también contienen algunos versículos más bien inusuales y difíciles. Por ejemplo, hay algunos textos espantosos, como Amós 3:12:

> Como el pastor arrebata de las fauces del león
> si acaso dos patas o un pedazo de oreja,
> así serán rescatados los israelitas.

Algunos de los pasajes proféticos del Antiguo Testamento son maravillosos y fáciles de entender, pero otros son desconcertantes y molestos. En este capítulo enseñaremos cómo abordar esta parte fascinante de la Escritura.

La naturaleza de la literatura profética del Antiguo Testamento

Un gran porcentaje de la segunda mitad del Antiguo Testamento está dedicada a literatura profética. Es más, ¡los profetas ocupan tanto lugar en la Biblia como todo el Nuevo Testamento! Sin duda, pues, este material es parte importante del mensaje de Dios para nosotros.

Los libros proféticos contienen sobre todo numerosos mensajes comunicados de palabra o predicados, de ordinario dados por el profeta mismo a la nación de Israel o a la nación de Judá. También contienen visiones recibidas de Dios, breves secciones narrativas y acciones simbólicas.

Solo un pequeño porcentaje de la profecía del Antiguo Testamento se ocupa de acontecimientos que para nosotros siguen siendo futuros. Esto puede sorprendernos. Muchas personas asumen que el término *profecía* solo se refiere a acontecimientos de los últimos tiempos y que los profetas del Antiguo Testamento lo que querían más que nada era predecir el fin de los tiempos. Nótese, sin embargo, lo que escriben Fee y Stuart: «Menos del 2% de las profecías del Antiguo Testamento son mesiánicas. Menos del 5% describen de manera específica la era del nuevo pacto. Menos del 1% tiene que ver con acontecimientos que se harán realidad en nuestro tiempo»[25]. La gran mayoría del contenido de los libros proféticos trata de la desobediencia de Israel o de Judá y el consiguiente castigo que les espera. El papel del profeta incluye la proclamación de esta desobediencia y el inminente castigo tanto como la predicción de cosas que ocurrirán en un futuro más distante.

Los profetas utilizan poesía para gran parte de su mensaje, y es el aspecto poético de su mensaje el que nos resulta más ajeno. Una característica básica de la poesía hebrea es el amplio uso de *metáforas*. Estas metáforas son algunas de las armas principales en el arsenal literario de los profetas. Este lenguaje es el que hace que los libros proféticos estén tan llenos de colorido y resulten tan fascinantes. Nótese, por ejemplo:

- Amós no se limita a decir que «Dios está furioso». Más bien proclama: «Ruge el león» (Am 3:8).

- Isaías no contrapone en forma analítica lo terrible del pecado a la sorprendente maravilla del perdón. Utiliza lenguaje metafórico y anuncia: «¿Son sus pecados como escarlata? ¡Quedarán blancos como la nieve!» (Is 1:18).
- Jeremías está disgustado por la actitud infiel de Judá respecto a Dios y desea hacer sentir el dolor que Dios experimenta porque Judá lo ha abandonado por los ídolos. Por eso, a lo largo del libro compara a Judá con una esposa infiel que se ha convertido en prostituta: «Tú te has prostituido con muchos amantes» (Jer 3:1).

La fuerza de la poesía radica en su capacidad de afectar las emociones del lector u oyente. Sin duda, la literatura profética es la literatura más emotiva en la Biblia. Los profetas expresan el amor profundo, profundo del Señor hacia su pueblo y el intenso dolor que experimenta como consecuencia de que lo rechazan. Sin embargo, los profetas también son explícitos en su descripción de cuán horrible será el castigo venidero (invasión de los asirios o babilonios). Son mordaces en su crítica de la sociedad, en especial del rey y del sacerdocio corrupto.

Otra característica importante que merece mencionarse en cuanto a los profetas es que sus libros son sobre todo *antologías*. Con esto queremos decir que los libros proféticos son colecciones de unidades más breves, de ordinario mensajes verbales que los profetas habían proclamado en público ante el pueblo de Israel o Judá. Se les entremezclan otras unidades literarias, como relatos, oráculos y visiones. A veces el mensaje oral que se transmite es la visión u oráculo.

Es importante advertir la naturaleza de *colección* de los libros. Igual que una colección contemporánea de la poesía de un autor, los libros contienen unidades más breves, relativamente independientes. Estas unidades no suelen ordenarse en orden cronológico, y a menudo tampoco parecen tener ningún orden temático. Alguna que otra vez un tema más general, más amplio (castigo, liberación) será el hilo conductor de una amplia sección del texto, pero casi nunca se encuentra una estricta unidad temática.

Los contextos histórico-cultural y teológico

En los capítulos 5 y 6 aprendimos lo importante que son los contextos histórico-cultural y literario para llegar a una interpretación adecuada. Como la literatura profética del Antiguo Testamento es única, tratar de interpretarla fuera de contexto es abrir la puerta a la confusión y el error. Ante todo, debemos identificar el contexto histórico-cultural en el que predicaron los profetas.

Los libros de 1 y 2 Reyes cuentan la historia de cómo las dos naciones de los hebreos, Israel y Judá, se apartaban sin cesar del Señor para recurrir en su lugar a los ídolos de sus vecinos. En última instancia el Señor las castiga, por lo que pierden el derecho a vivir en la Tierra Prometida. El reino septentrional, Israel, cae pronto en la idolatría y los asirios lo destruyen (722 a.C.) Más adelante, el reino meridional, Judá, también se aparta y los babilonios lo destruyen (587 a.C.). El libro de 2 Reyes concluye con la destrucción de Jerusalén y el exilio de los habitantes del reino meridional en Babilonia.

Los profetas predican sobre todo dentro del contexto de la segunda parte de esta historia. Al apartarse la nación del Señor, con lo que demostraban olvidarse del acuerdo pactado con Dios en Éxodo y Deuteronomio, los profetas se presentan como portavoces de Dios para invitar al pueblo a que regrese a la obediencia del pacto. Así pues, en cuanto al contexto histórico, la mayor parte de los profetas predican en uno de dos contextos: apenas antes de la invasión asiria, que destruyó el reino septentrional, Israel; o apenas antes de la invasión babilónica, que destruyó el reino meridional, Judá.

Estos contextos son importantes para poder entender a los profetas. Debemos tenerlos siempre presentes cuando leemos e interpretamos la literatura profética del Antiguo Testamento. Desde el punto de vista teológico, los profetas proclaman su mensaje a partir del contexto del pacto mosaico, que se definió sobre todo en Deuteronomio. Le dicen al pueblo que se arrepienta, que se aparte de los ídolos y que regrese al pacto que acordaron cumplir según Deuteronomio. Advierten a los israelitas de los terribles castigos con los que Dios amenazó en Deuteronomio. El castigo definitivo, que anuncian con pesar, es la pérdida de la presencia de Dios y la pérdida de la Tierra Prometida.

El mensaje profético básico

Al escribir en el contexto histórico de una inminente invasión de los asirios y los babilonios, los profetas sirven como los fiscales del Señor. Se presentan delante del Señor, acusando y advirtiendo al pueblo de las consecuencias de violar el pacto. Aunque hay numerosos matices y detalles en su proclama, su mensaje general puede reducirse a tres puntos básicos, cada uno de los cuales es importante para el mensaje:

1. Han roto el pacto; ¡es mejor que se arrepientan!
2. ¿No hay arrepentimiento? ¡Entonces habrá castigo!
3. Pero más allá del castigo hay esperanza de una restauración gloriosa, futura.

1. *Han roto el pacto; ¡es mejor que se arrepientan!* Los profetas insisten en cuán grave ha llegado a ser la violación del pacto por parte de la nación y hasta qué punto el pueblo ha violado el pacto. Presentan muchas pruebas que sustentan esta acusación. Estas pruebas caen dentro de tres categorías, tres esferas principales de la violación del pacto todas las cuales se mencionan de manera explícita en Deuteronomio: idolatría, injusticia social y ritualismo religioso.

a. *Idolatría.* La idolatría es la violación más fragrante del pacto, y los profetas predican sin cesar contra ella. El reino septentrional de Israel practica la idolatría desde sus inicios políticos, con los becerros de oro en Betel y Dan. La idolatría no se limita a ser una violación de la ley. Ataca el corazón mismo de la relación entre el Señor y su pueblo. La fórmula central del pacto en el Antiguo Testamento es la declaración del Señor de que «Yo seré vuestro Dios; vosotros seréis mi pueblo. Moraré en medio vuestro». La idolatría repudia esta relación. Varios profetas subrayan la herida emocional que Dios sufre ante este rechazo. Para Dios el asunto es tanto emocional como legal.

b. *Injusticia social*. El pacto en Deuteronomio, sin embargo, obligaba al pueblo a algo más que solo a rendir culto a Dios. La relación con Dios exigía una relación adecuada con el pueblo. El Señor estaba preocupado con que hubiera justicia social para todos, y estaba especialmente preocupado con la forma en que se trataba a las personas más débiles en la sociedad. Deuteronomio pedía que se tratara con justicia a los trabajadores (Dt 24:14ss.), que en los tribunales hubiera justicia (19:15-21), y un cuidado especial de las viudas, huérfanos y extranjeros (24:17-22). Cuando Israel y Judá se apartaron del Señor, también se apartaron de las exigencias del Señor en cuanto a justicia social. Los profetas una y otra vez lo condenan y lo mencionan como una parte fundamental de la violación del pacto. Con frecuencia citan el trato de los huérfanos y viudas como ejemplos de fallos sociales del pueblo; esta falta de justicia social también invalida los sacrificios.

c. *Ritualismo religioso*. La nación está dependiendo del ritualismo religioso en lugar de la relación. El pueblo ha olvidado que el ritual es un medio para la relación, no algo que la reemplace. A medida que Israel va gustando más y más del ritual formal, pierde el concepto de relación con el Señor. Trivializan el significado de su Presencia en medio de ellos. Piensan que solo se espera de ellos el ritual. Sacan la conclusión ilógica de que un ritual adecuado encubrirá todas las otras violaciones del pacto, como la injusticia social y la idolatría. Racionalizan su injusticia social y su sincretismo centrándose en el ritual del culto. Esto es hipócrita, declara el profeta, y no es para nada lo que Dios desea. Miqueas lo afirma con toda claridad en Miqueas 6:7-8:

¿Se complacerá el Señor con miles de carneros,
o con diez mil arroyos de aceite?
¿Ofreceré a mi primogénito por mi delito,
al fruto de mis entrañas por mi pecado?
¡Ya se te ha declarado lo que es bueno!
Ya se te ha dicho lo que de ti espera el Señor:
Practicar la justicia, amar la misericordia
y humillarte ante tu Dios.

De igual modo, en Isaías 1:11-13a el Señor pregunta: «¿De qué me sirven sus muchos sacrificios? [...] ¿Quién les mandó traer animales? Para que pisotearan mis atrios. No me sigan trayendo vanas ofrendas»

La idolatría, la injusticia social y el ritualismo religioso son tres acusaciones interrelacionadas que conforman un aspecto del primer punto del mensaje profético. El llamamiento al arrepentimiento es el otro aspecto. Los profetas suplican el pueblo que se arrepienta y que restauren sus relaciones con el Señor. Incluso después de que los profetas proclaman que el castigo es inminente, siguen pidiéndoles que se arrepientan.

2. *¿No hay arrepentimiento? ¡Entonces viene el castigo!* Ni Israel ni Judá se arrepienten, y los profetas reconocen esa obstinación, y proclaman las graves consecuencias. Gran parte del contenido en los libros proféticos describe el terrible e inminente castigo que va a descender sobre Israel o Judá. Los principales castigos que predicen los profetas son las terribles invasiones de los asirios y los babilonios. El aspecto más grave de esto es la pérdida de la Tierra Prometida. El Señor está a punto de sacar a su pueblo de la Tierra Prometida, como advirtió en Deuteronomio.

3. *Pero más allá del castigo hay esperanza de una restauración futura, gloriosa.* Las promesas mesiánicas y las predicciones futuras de los profetas abarcan una gran parte de este punto. Los profetas no proclaman una restauración después de la destrucción que se limite a volver al status quo actual. El cuadro teológico y relacional del pueblo de Dios en el futuro es diferente... y mejor. En el futuro, proclaman los profetas, habrá un nuevo éxodo (Isaías), un nuevo pacto (Jeremías) y una nueva presencia del espíritu del Señor que morará en medio de ellos (Ezequiel y Joel). El perdón y la paz caracterizarán a este nuevo sistema. Al ritual lo reemplazarán la relación.

Todas las maravillosas profecías de Cristo entran dentro de esta categoría. Los profetas anuncian que el pueblo ha fallado totalmente en cumplir la ley y el pacto mosaico. Sin embargo, después de la destrucción habrá una gloriosa restauración que incluye a pueblos no judíos (gentiles). El Mesías vendrá a inaugurar un nuevo pacto, mejor que el anterior. Además, estos acontecimientos no son fortuitos, no se deberán al azar o a la determinación de naciones del mundo. Muy al contrario, los profetas proclaman abiertamente, el castigo y la restauración forman parte del plan de Dios, y el desarrollo de estos acontecimientos ofrece prueba evidente de que él es el Señor de la historia.

La mayoría de los profetas se pueden resumir con estos tres puntos. Por ejemplo, Isaías, Jeremías, Ezequiel, Oseas, Miqueas y Sofonías contienen los tres puntos. Amós se centra sobre todo en los puntos 1 y 2 (pacto roto y castigo); no es sino hasta el capítulo 8 que menciona alguna esperanza y restauración futuras. Joel, por el contrario, pasa casi por completo por alto el punto 1, al parecer porque asume que el pueblo entiende que han quebrantado el pacto. Va directamente al castigo (punto 2) y luego a la restauración futura (punto 3).

Abdías y Nahum no siguen para nada la pauta típica. Son diferentes porque predican contra naciones foráneas (Edom y Nínive respectivamente) en lugar de hacerlo en contra de Israel y Judá. Desempeñan un papel secundario en el cuadro profético general. Los profetas postexilio (Hageo, Zacarías, Malaquías) de igual modo tienen un mensaje diferente porque escriben después del exilio.

Jonás, sin embargo, es mucho más importante en cuanto al mensaje profético básico, aunque también predica contra una ciudad extranjera (Nínive) y no contra Israel o Judá. Lo que entendemos de Jonás es que si bien el verdadero mensaje histórico que predica es contra Nínive, el mensaje literario es una acusación contra Israel y Judá. Jonás, uno de los primeros profetas, establece un contraste para quienes lo siguen. El arrepentimiento de los ninivitas extranjeros constituye un marcado contraste con la obstinación de los israelitas. Lo que sucede en Nínive es lo que debe estar sucediendo en Jerusalén y Samaria, pero no es así.

Por ejemplo, Jeremías predica por décadas en Jerusalén, y la respuesta es hostil. Nadie se arrepiente, desde el más importante hasta el más pequeño. Jonás, por el contrario, predica un sermón breve, renuente, en Nínive (¡nada menos!) y toda la ciudad se arrepiente, desde el más importante hasta el más pequeño. Jonás pone de relieve lo inexcusable que es la respuesta de Israel y Judá frente a la advertencia profética.

Conclusión

¡Vaya! En los profetas hay mucho contenido maravilloso. Sin duda, estos portavoces de parte del Señor nos ofrecen enseñanzas generosas y profundas acerca del carácter de Dios. También nos hablan con elocuencia de nuestro carácter y nuestro comportamiento, utilizando un lenguaje poético de gran colorido y cautivante que abrasa y eleva. Pero su mensaje básico se puede resumir en los tres puntos sencillos mencionados antes.

En la médula de su mensaje, entrelazado en todos los aspectos diferentes del mundo profético, encontramos el tema constante de la relación de Dios con su pueblo. El estudio de los profetas puede ayudarnos a entender mejor el carácter de Dios y captar para uno mismo lo que Dios espera de nosotros en nuestra relación con él y con nuestro prójimo.

Preguntas para analizar

1. ¿Cómo se explica que solo un pequeño porcentaje de los textos proféticos del Antiguo Testamento se ocupa de acontecimientos que siguen siendo futuros para nosotros e influye en nuestro enfoque en la interpretación de la profecía?
2. ¿En qué formas concretas piensa que nuestra cultura necesita escuchar el mensaje de los profetas?
3. ¿Cuál es su pasaje favorito de los Profetas? ¿Por qué?

Tarea escrita

Aplique la Expedición Interpretativa ya sea a Miqueas 6:6-8 o a Jeremías 7:1-7. Responda a las preguntas concretas mencionadas en el Paso 1 y luego escriba un párrafo para cada uno de los otros pasos.

Paso 1: Comprenda el texto en su contexto original. ¿Qué significó el texto para la audiencia bíblica?

Estudie el texto y haga todas las observaciones que pueda. Marque las observaciones en una fotocopia del texto (pueden copiar el pasaje como documento de Word a partir de fuentes electrónicas, como un CD-ROM o Internet, y agregar espacios entre líneas). Asegúrese de entender el significado de todas las palabras. Estudie el trasfondo que convenga para poder entender cada término. Asegúrese de identificar todas las metáforas.

Identifique el contexto literario y el contexto histórico-cultural. ¿Cuándo y dónde se da esta profecía? (Utilizar un diccionario bíblico, algún manual bíblico o algún comentario para ayudarse, caso de que hiciera falta). ¿De qué trata el texto circundante? ¿Entra este pasaje en alguno de los tres puntos principales del mensaje profético o una de las acusaciones estudiadas antes? De ser así, ¿cuál? Vuelva a leer el análisis hecho antes en cuanto al punto del mensaje profético que tiene que ver con su pasaje.

Paso 2: Mida la anchura del río que hay que cruzar. ¿Cuáles son las diferencias entre la audiencia bíblica y nosotros?

Paso 3: Cruce el puente de principios. ¿Cuál es el principio teológico en este texto?

Paso 4: Cruce al Nuevo Testamento. ¿Modifica o atenúa la enseñanza del Nuevo Testamento este principio y, de ser así, cómo?

Paso 5: Capte el texto en nuestra contexto. ¿Cómo debe cada cristiano hoy aplicar el principio teológico a su vida?

Oh Señor, oh Señor,
¡cuán majestuoso es tu nombre sobre toda la tierra!

Algunos de los pasajes más hermosos y queridos en la Biblia se encuentran en el libro de los Salmos. Los cristianos de todas las épocas han recurrido a este libro para encontrar ánimo en tiempos difíciles, y sus espíritus se han sentido exaltados y sus corazones aliviados con la poesía elocuente y colorida del Salterio. De hecho, los salmos encuentran mucho eco en nosotros; penetran a lo más profundo y resuenan dentro de nuestra alma, hablándonos con suavidad pero también con intensidad. Este fenómeno es universal. Independientemente de la edad, el nivel educativo y cultural, los cristianos alrededor del mundo aprecian los salmos.

Lea los salmos como poesía

Es importante tener siempre presente que los salmos se escribieron como poemas en hebreo y por eso son muy diferentes a los libros del Nuevo Testamento. La poesía hebrea se caracteriza por *concisión, alto nivel de estructura* e *imágenes metafóricas*.

Concisión solo significa que los poemas utilizan una cantidad mínima de palabras. Las palabras se escogen con cuidado según su impacto y vigor. Los textos narrativos con frecuencia tienen frases largas, descriptivas, mientras que los textos poéticos se condensan en versos breves, compactos, con pocas palabras.

Estructura se refiere sobre todo a la característica común de la poesía en el Antiguo Testamento en que el texto se estructura en versos poéticos y no en frases y párrafos. La puntuación no suele tener la misma importancia en la poesía como en los relatos o en las cartas del Nuevo Testamento. Un verso representa más la unidad de pensamiento que en el caso de la frase. Por ello hay que educar los ojos para que lean verso a verso y no frase a frase.

Además, los versos suelen agruparse en unidades de dos o tres. O sea, se agrupan dos versos de poemas del Antiguo Testamento para expresar un pensamiento. La mayor parte de los versos en los salmos están estructurados así. Por ejemplo, miremos el Salmo 3:1-2:

> Muchos son, Señor, mis enemigos;
> > muchos son los que se me oponen,
> y muchos los que de mí aseguran:
> > «Dios no lo salvará».

Esta característica se llama *paralelismo*, y es el rasgo estructural predominante de la poesía del Antiguo Testamento. Lo usual es que un pensamiento se exprese en dos versos del texto (aunque a veces los poetas utilizaban tres o incluso cuatro versos de texto para transmitir un pensamiento). A menudo las notaciones de las líneas siguen esta pauta, y cada verso se compone de dos líneas de texto. Estas notaciones de los versos nos ayudan a leer porque necesitamos interpretar el texto leyendo como una sola unidad cada construcción paralela. Es decir, esperamos que dos líneas transmitan una idea o pensamiento.

Imágenes metafóricas es el principal medio que utilizan los autores de los salmos para comunicarse. No escriben ensayos: pintan cuadros. Los colores con que pintan estos cuadros son metáforas y juegos de palabras. Esta clase de lenguaje no nos resulta extraño. En español abunda esta clase de lenguaje. Con mucha frecuencia utilizamos metáforas.

En Salmos, casi todos los versos contienen una metáfora. Tengamos presente que esto no implica en forma alguna negar la realidad literal detrás de la metáfora. Los autores nos están transmitiendo pensamientos, acontecimientos y emociones reales, o sea, verdad *literal*, pero expresan esta verdad de manera metafórica. Nuestra tarea como lectores es lidiar con las metáforas y tratar de captar la realidad y la emoción que los poetas están transmitiendo con su lenguaje metafórico.

La función de los salmos

Concordamos con Fee y Stuart en que los salmos «no tienen como función principal enseñar doctrina o conducta moral»[26]. Queremos poner sobre aviso de manera enfática en contra de interpretar los salmos de la misma forma que interpretaríamos Romanos. Los salmos contienen sin duda elementos doctrinales, y también se refieren a la conducta moral (Salmo 1), pero estos elementos son corolarios o subpuntos y no suelen pretender ser puntos focales. Fee y Stuart escriben:

> La dificultad en la interpretación de los salmos nace sobre todo de su naturaleza, de lo que son. Como la Biblia es la Palabra de Dios, muchos cristianos asumen que toda ella contiene palabras *de* Dios *a* las personas. Por esta razón, no aciertan a reconocer que la Biblia también contiene palabras dirigidas *a* Dios o *acerca de* Dios. Esto es lo que los salmos hacen. Y estas palabras son también Palabra de Dios[27].

La función de los salmos, por tanto, es «darnos modelos inspirados de cómo hablarle a Dios y cómo cantarle»[28]. Además, los salmos nos ofrecen modelos inspirados de cómo meditar acerca de Dios, es decir, cómo pensar de manera reflexiva acerca de Dios y de lo que ha hecho por nosotros. Esta comunicación interactiva en los Salmos entre el pueblo y Dios puede darse en medio de numerosos contextos diferentes, reflejando la amplia gama de experiencias en la vida a partir de las cuales las personas encuentran a Dios.

En general, los salmos pueden clasificarse más o menos en tres contextos principales de la vida humana: (1) «épocas de bienestar que evocan gratitud por lo constante de la bendición», (2) «épocas angustiosas de dolor, enajenación, sufrimiento y muerte», y (3) épocas de «sorpresa cuando nos sentimos abrumados con dones nuevos de Dios, cuando el gozo supera la desesperanza»[29].

Por tanto, si bien Salmos es Palabra de Dios para nosotros, no presenta directrices doctrinales específicas, sino más bien ejemplos de cómo comunicar a Dios nuestras emociones y necesidades más sentidas. Cuando un salmista, por ejemplo, clama lleno de angustia y desesperanza, el punto o lección no es que nosotros también debemos clamar en desesperanza. Más bien, la lección es que cuando nos sentimos llenos de desesperanza, lo justo y adecuado es que, como el salmista, clamemos a Dios en desesperanza y dolor. Al hacerlo, comenzamos a experimentar su consuelo y de hecho somos sacados «de la fosa de la muerte, del lodo y del pantano» (Sal. 40:2).

Interpretación de los salmos

La interpretación de los salmos implica realizar la Expedición Interpretativa. No hemos olvidado los pasos de la Expedición, ¿no es así? Apliquémoslos a un texto poético representativo del Antiguo Testamento, Salmo 116:1-4.

Paso 1: Comprender el texto en su contexto original. ¿Qué significó el texto para su audiencia bíblica? Comenzamos con una lectura minuciosa del pasaje. ¡Recordemos lo que aprendimos en los capítulos 2 y 3! ¡No olvidemos cómo leer en forma minuciosa y hacer observaciones! Como parte de nuestra cuidadosa observación del Salmo 116:1-4, asegurémonos de tomar nota del paralelismo que se comentó antes. Combinemos los pasajes paralelos en pensamientos o imágenes y luego estudiemos el pasaje pensamiento por pensamiento. Esto a menudo supondrá leer dos líneas como un pensamiento más que leer una línea por vez o una frase por vez.

Los versículos iniciales del Salmo 116 pueden dividirse en los siguientes pensamientos básicos, a partir del paralelismo:

Pensamiento 1	Yo amo al Señor, porque él escucha mi voz, suplicante
Pensamiento 2	Por cuanto él inclina a mi su oído, lo invocaré toda mi vida
Pensamiento 3	Los lazos de la muerte me enredaron; me sorprendió la angustia del sepulcro, y caí en la ansiedad y la aflicción.

| Pensamiento 4 | Entonces clamé al Señor: |
| | «¡Te ruego, Señor, que me salves la vida!». |

Luego, *ubicar y visualizar cada metáfora*. Primero, tratemos de visualizar la imagen. Por ejemplo, estudiemos la imagen en el Pensamiento 2 («por cuanto él inclina a mí su oído»). Las personas con frecuencia inclinan la cabeza y vuelven la cabeza hacia el punto de donde proviene el sonido para oír bien. ¿Podemos visualizar al salmista clamando a Dios, quien, en respuesta, vuelve la cabeza para escuchar con cuidado? ¿Qué podemos decir del Pensamiento 3? Vemos sogas que salen de un sepulcro abierto y que se enredan alrededor de las piernas del salmista para bajarlo hasta el sepulcro.

Luego asegurarse de *entrar al mundo emocional de la imagen*. Sentir el consuelo que experimenta el salmista cuando ve que Dios vuelve la cabeza para escucharlo. ¡Imaginemos la pesadilla que transmite la imagen de los lazos de la muerte! Las sogas se van enredando a nuestro alrededor y nos están bajando hacia un sepulcro abierto horripilante, en tinieblas. ¡Caemos en el sepulcro y pedimos ayuda a gritos! La muerte se apodera de nosotros, pero Dios oye el clamor y tiende la mano para sacarnos del lugar. ¡Esto podría haber salido de una película de Stephen King.

Ahora ya estamos preparados para *resumir qué significó el texto para la audiencia bíblica*. Tengamos presente que estas metáforas iban también destinadas a los lectores de la época. No hay que tratar de hacer que las imágenes sean literales en su caso y metafóricas para nosotros. Al autor del Salmo 116 no lo estaban bajando a un sepulcro con la ayuda de cuerdas. El mensaje del Salmo 116:1-4 en su contexto local es como sigue: El autor se enfrenta a una situación inmediata difícil, pavorosa. Incluso puede estar cerca de la muerte misma. Clama a Dios, quien lo escucha y luego lo libera de la situación. Debido a esto, expresa su amor a Dios.

Paso 2: Medir la anchura del río a cruzar. ¿Cuáles son las diferencias entre la audiencia bíblica y nosotros? Desde luego que una de las diferencias fundamentales que siempre hay que recordar al cruzar el río a partir del Antiguo Testamento es que nosotros, los creyentes del Nuevo Testamento, estamos bajo un pacto diferente. Si bien esto no constituye una diferencia crítica en el caso del mensaje del Salmo 116, siempre es un factor que hay que tener presente. ¿Qué otras diferencias hay? Quizá no estamos en una situación tan aterradora o difícil como la del salmista. (Aunque algunos de nosotros es probable que lo estemos). Podemos no estar enfrentándonos a una muerte inminente. Otra diferencia importante es que el Antiguo Testamento se centra en una idea diferente de la muerte que el Nuevo Testamento. En aquel se dice muy poco de la vida después de la muerte (resurrección y cielo). La doctrina del Antiguo Testamento acerca de la muerte es vaga y oscura. La seguridad de la vida eterna es una doctrina que floreció después de la vida, muerte y resurrección de Jesús.

Paso 3: Cruzar el puente de principios. ¿Cuál es el principio teológico en este texto? Un principio teológico en el Salmo 116:1-4 es que el pueblo de Dios debe manifestarle su amor cuando los escucha y los libera de circunstancias difíciles y aterradoras como la muerte.

Paso 4: Cruzar hacia el Nuevo Testamento. ¿Modifica o matiza la enseñanza del Nuevo Testamento este principio, y, de ser así, cómo? El Nuevo Testamento reafirma el principio de que debemos expresar nuestro amor a Dios por habernos liberado de situaciones difíciles. Además, el Nuevo Testamento tiene mucho que decir acerca de nuestra liberación de la muerte (y del pecado). Primera Corintios 15 lo elabora extensamente, y explica cómo Dios por medio de Jesús nos ha dado la victoria sobre la muerte. Se nos promete resurrección y se nos da vida eterna. Quienes no tienen a Cristo se enfrentan cara a cara con la muerte y los «lazos del sepulcro» de verdad que los tiran hacia abajo. Nosotros también nos encontrábamos en esta situación antes de llegar a Cristo, pero Dios escuchó nuestro clamor y nos liberó.

Nótese, sin embargo, que ni el Nuevo Testamento ni el Antiguo enseñan que Dios intervenga siempre para salvarnos de todas las circunstancias físicas difíciles. El pueblo de Dios sufre y muere físicamente en toda la Biblia. Los cristianos siguen contrayendo cáncer y mueren. Siguen dándose accidentes de tráfico. Para los cristianos, sin embargo, la muerte en realidad nunca triunfa. Los lazos nunca nos bajan al sepulcro. Cristo ha derrotado el poder de la muerte, y nos da la victoria sobre ella.

Paso 5: Captar el texto en nuestra contexto. ¿Cómo deben los cristianos aplicar en sus vidas el principio teológico modificado? Las aplicaciones varían, según nuestra situación. Para los cristianos que se enfrentan a la muerte, este texto debe darles seguridad de que Dios los liberará del poder de la muerte por medio de la resurrección y la vida eterna, y debemos expresarle a Dios nuestro amor por esta liberación. Debemos recordar también las épocas en que nos liberó de otras situaciones difíciles. Y también debemos expresar nuestro amor a Dios por salvarnos de la muerte eterna.

Preguntas a analizar

1. ¿Por qué no debemos leer los Salmos de la misma forma que leemos Romanos?
2. ¿Cómo nos ayuda nuestra mejor comprensión de la poesía hebrea a leer de manera más responsable el libro de los Salmos?
3. ¿Por qué es importante observar la dimensión emocional de los salmos?

Tarea escrita

Siga las instrucciones a continuación, y complete las tres partes de la tarea.

1. Lea el Salmo 1 completo varias veces. Encuentre y marque todas las observaciones que se pueda en una fotocopia del texto.
2. Describa y defina las metáforas en cada versículo.
3. Realice la Expedición Interpretativa haciendo lo siguiente:

Paso 1: Comprenda el texto en su contexto original. Haga un resumen en una o dos frases de lo que significó el texto para la audiencia bíblica.

Paso 2: Mida la anchura del río a cruzar. ¿Cuáles son las diferencias entre la audiencia bíblica y nosotros? Identifique las diferencias principales.

Paso 3: Cruce el río de los principios. ¿Cuál es el principio teológico en este texto? Sintetice el pasaje en un principio básico.

Paso 4: Cruce al Nuevo Testamento. ¿Modifica o matiza la enseñanza del Nuevo Testamento este principio, y de ser así, cómo?

Paso 5: Capte el texto en nuestro contexto. ¿Cómo deben los cristianos aplicar en sus vidas este principio teológico modificado? Describa una forma específica de aplicar este salmo a su propia vida.

Notas

1. Esta conocida anécdota se publicó primero en 1940 en el *New York Times* como parte de un anuncio para la obra de Mortimer J. Adler *How to Read a Book*, Simon & Schuster, Nueva York, 1940). Lo cita Robert Traina, *Methodical Bible Study. A New Approach to Hermeneutics*, Kentucky: Asbury Theological Seminary, 1952, 97-98.

2. William Klein, Craig Blomberg y Robert Hubbard, *Introduction to Biblical Interpretation*, 2a ed., Word, Nashville, TN 2003, 229.

3. Craig L. Blomberg, *1 Corinthians*, NIV Application Commentary: Zondervan, Grand Rapids, MI, 1994, 228-29.

4. Craig Keener, *IVP Bible Background Commentary: New Testament*, Downers Grove, IL: InterVarsity, 1993, 60.

5. Robert H. Stein, *A Basic Guide to Interpreting the Bible: Playing by the Rules*, Baker, Grand Rapids, MI, 1994, 75-76.

6. Kevin J. Vanhoozer, *Is There a Meaning in This Text? The Bible, the Reader, and the Morality of Literary Knowledge*, Zondervan, Grand Rapids, MI, 1998, 346.

7. James W. Sire, *Scripture Twisting: 20 Ways the Cults Misread the Bible*, InterVarsity Press, Downers Grove, Il, 1980.

8. Klein, Blomberg y Hubbard, *Biblical Interpretation*, 215.

9. Se puede encontrar un análisis de las traducciones al inglés antes de 1611 y de la Versión Autorizada de 1611 (Versión King James), en J. Scott Duvall y J. Daniel Hays, *Grasping God's Word*, 2ª ed., Zondervan, Grand Rapids, MI, 2005, 160-64.

10. El *Textus Receptus* (en latín, «texto recibido») fue el texto griego publicado a mediados del 1500 y que utilizaron los traductores de la versión King James. Era «recibido» en el sentido de que se consideraba el texto griego estándar de esa época.

11. Lo que sigue es un resumen de solo unas pocas diferencias que analiza D. A. Carson en *The Inclusive-Language Debate*, Baker, Grand Rapids, MI, 1998, 48-51.

12. Mark L. Strauss, *Distorting Scripture?*, InterVarsity Press, Downers Grove, IL, 1998, 77.

13. La siguiente página web de Wikipedia describe con mucho detalle la interpretación política de *El maravilloso Mago de Oz*: http/en.wikipedia.org/Wiki/Political_interpretations_of_the_Wonderful-Wizard_of_Oz.

14. Esta definición se basa en la que sugirió E. D. Hirsch, *Validity in Interpretation*, Yale Univ. Press, New Haven, CT, 1967, 8.

15. D. A. Carson y Douglas J. Moo, *An Introduction to the New Testament*, 2a ed., Zondervan, Grand Rapids, MI, 2005, 331.

16. Gordon D. Fee y Douglas Stuart, *How to Read the Bible for All Its Worth*, 3a ed., Zondervan, Grand Rapids, MI, 2003, 64.

17. Jack Kuhatscheck, *Applying the Bible*, Zondervan, Grand Rapids, MI, 1990, 57-61.

18. A veces determinar lo que es cultural o pasajero en un texto y lo que es normativo y permanente representa un reto. Si se quiere aprender más acerca de este tema, recomendamos la lectura del análisis en Klein, Blomberg y Hubbard, *Biblical Interpretation*, 487-98.

19. Ver Darrell L. Bock, «The Words of Jesus in the Gospels: Live, live or Memorex?» en *Jesus under Fire: Modern Scholarship Reinvents the Historical Jesus*, ed. Michael J. Wilkins y J. P. Moreland, Zondervan, Grand Rapids, MI, 1995, 84-85.

20. Ver el análisis más completo en Duvall y Hays, *Grasping God's Word*, 256-61.

21. Citado en Fee y Stuart, *How to Read the Bible*, 150.

22. Craig Blomberg, *Interpreting the Parables*, InterVarsity Press, Downers Grove, IL, 1990.

23. Ver un análisis más completo de este tema en Duvall y Hays, *Grasping God's Word*, 273-79.

24. Ver un análisis más completo de este tema en Duvall y Hays, *Grasping God's Word*, 288-94

25. Fee y Stuart, *How to Read the Bible*, 182.

26. Ibid., 205

27. Ibid.,

28. Robert B. Chisholm, *From Exegesis to Exposition*, Baker, Grand Rapids, MI, 1998, 225.

29. Walter Brueggermann, *The Message of the Psalms*, Augsburg, Minneapolis, MN, 1984, 19.

Nos agradaría recibir noticias suyas.
Por favor, envíe sus comentarios sobre este libro
a la dirección que aparece a continuación.
Muchas gracias.

Vida@zondervan.com
www.editorialvida.com